*« Un livre doit remuer les plaies, en provoquer même.*
*Un livre doit être un danger. »* Cioran

Édité par l'Institut Pandore.
Couverture par Katerina Prenda.
Illustrations par Olivier Berlion.

ISBN : 9791094547151

# REMERCIEMENTS

Je remercie Florent pour sa relecture bienveillante et ses conseils précieux ; Olivier, qui a su donner un nouveau visage à ces philosophes en quelques coups de pinceau ; Stéphane, mon éditeur, pour sa confiance.

Sans oublier Michel Onfray pour sa gentillesse et le temps qu'il m'a consacré.

Et, pour leur soutien sans faille et leur présence affectueuse, je remercie tous les miens.

# SOMMAIRE

# POURQUOI DEVRIEZ-VOUS COMMENCER A LIRE DE LA PHILOSOPHIE ?

À ceux qui disent que la philosophie, c'est pour les intellos, je réponds que nous sommes tous nés philosophes. Enfant, on se posait tous des tonnes de questions, on voulait tout comprendre sur tout : « Maman, pourquoi le ciel est bleu ? Pourquoi les papillons volent ? Pourquoi j'existe ? »

Souvent, les réponses étaient approximatives ou inventées par nos parents, mais ça, on s'en fichait. Tout ce que l'on voulait, c'était avoir des réponses pour essayer de comprendre le monde. Mettre des mots sur nos interrogations, ça nous rendait heureux.

Et puis un jour, on grandit. Ces questions deviennent des questions d'adultes, et elles sont beaucoup moins drôles : « Pourquoi je n'ai pas ce que je veux dans la vie ? Quand est-ce que je serai réellement heureux ? Pourquoi je ne trouve pas l'amour ? Pourquoi j'ai peur de la solitude ? À quoi bon vivre pour mourir ? » Résultat : on ne cherche plus les réponses, ou on s'en fabrique, sans trop y croire parce qu'elles ne nous rassurent qu'à moitié. Et on vit comme ça. On laisse faire les choses sans réfléchir, et surtout, on évite le plus possible d'y penser pour ne pas se créer plus d'ennuis.

Petit à petit, on perd le goût de comprendre, parce que répondre à ces questions-là, c'est délicat. Et bien souvent, ça fait mal. Il faut creuser au fond de nous et lutter contre nos démons intérieurs. Alors pour se préserver, on n'écoute plus le petit enfant au fond de nous, et on piétine notre âme d'enfant-philosophe en se disant que c'est mieux pour nous, que comprendre ce qui nous arrive n'est finalement pas si important et que ça ira mieux demain.

Pourtant, la philosophie n'a jamais eu pour projet d'être nuisible. Au contraire, elle a toujours eu pour ambition d'améliorer nos vies en nous faisant comprendre ce que nous sommes et le monde dans lequel nous vivons. Platon disait même que la philosophie est la « médecine de l'âme ». Et comme tout médicament, la philosophie peut nous aider à aller mieux. Elle peut même changer nos vies si on l'applique au quotidien. Elle nous aide à comprendre comment on fonctionne, pour mieux appréhender nos peurs, nos souffrances et nos tourments. Mais vous vous en doutez, on ne peut passer à la pratique sans réviser sa théorie. Alors, il faut ressortir les vieux pavés poussiéreux, se retrousser les manches, lire, comprendre et s'interroger sur des principes et sur des idées des philosophes, qui sont parfois différentes des nôtres.

Mais surtout, il faut accepter de se retrouver chamboulé. Car la philosophie peut avoir des effets secondaires : elle peut heurter les âmes les plus fragiles, révéler des choses en vous que vous ne soupçonniez pas et qu'il peut vous être difficile d'accepter…

Face à cela, les moins courageux refermeront les livres et ne voudront plus jamais entendre parler de philo, tandis que les plus téméraires, eux, ne pourront faire demi-tour. La philosophie les aura bousculés, et c'est en étant bousculé que l'on retrouve la folle envie de tout comprendre. Ceux-là, ceux qui n'ont pas peur d'apprendre, de comprendre, de s'interroger, de s'affronter pour s'améliorer, ce sont des philosophes. Plus la peine d'avoir 128 ans, une barbe blanche et de vivre en Grèce pour philosopher. Les vrais philosophes sont ceux qui ont renoué avec le petit enfant au fond d'eux et qui n'ont plus peur de l'écouter.

Néanmoins, si vous pensez trouver dans ce livre toutes les réponses à vos tourments, vous faites fausse route. Ces réponses, vous ne les trouverez dans aucun manuel de survie. Ces réponses sont en vous, elles vous appartiennent. Et il ne tient qu'à vous de les déterrer.

Ce livre vous exposera simplement les questions et les réponses des autres. Des penseurs des siècles passés qui, avant d'être des philosophes barbus enseignés en classe de terminale, étaient des gens comme vous et moi, qui se sont juste intéressés de plus près à la grande énigme de l'existence humaine, et qui n'ont, par la suite, jamais cessé de s'interroger sur le monde. Et tout ça dans quel but ? Apprendre à vivre bien, à vivre mieux.

Alors, à travers leur vie et leur histoire, vous découvrirez leur pensée, leurs réponses à ce que j'aime appeler « les grandes questions de vie » ; ainsi que leur méthode pour affronter les maux et les angoisses de la vie de tous les jours. Bien entendu, il ne s'agit pas pour vous d'être d'accord avec tous. Certains philosophes, certaines idées vous parleront plus que d'autres, et c'est normal. En revanche, gardez l'esprit ouvert et n'oubliez pas que les pensées qui vous semblent les plus absurdes peuvent aussi vous apporter quelque chose.

J'espère que leurs réponses vous aideront à trouver les vôtres. Pour moi, ça a marché.

# BONHEUR

bɔ.nœʁ, nom masculin

1. Bonne chance, circonstance favorable : Nous avons eu le bonheur d'arriver à temps.
2. État de complète satisfaction : Rien ne peut troubler leur bonheur.
3. Joie, plaisir liés à une circonstance : Quel bonheur de se retrouver ici !

*D'après le Dictionnaire Larousse.*

# ARTHUR SCHOPENHAUER

*1788-1860*

# MAUVAISE NOUVELLE : LE BONHEUR N'EXISTE PAS

Schopenhauer, c'est l'histoire d'un philosophe allemand qui se lève tous les jours à huit heures, qui fait sa toilette à l'eau froide pour ensuite se préparer un petit déjeuner copieux. La plupart du temps, il travaille chez lui jusqu'à onze heures, il lit, il écrit, et surtout il interdit à sa servante de venir avant midi par peur d'être dérangé. Pour se détendre avant de déjeuner, il joue de la flûte pendant quinze minutes, généralement un air de Mozart ou de Rossini en fonction de son humeur.

Quant à son après-midi, il la consacre à de longues promenades avec son caniche Atma, son seul compagnon, à qui il léguera d'ailleurs toute sa fortune. Si vous visitiez Francfort au XIXe siècle, vous l'auriez sans doute croisé dans les rues avec ses cheveux ébouriffés, son smoking, sa cravate blanche et son cigare qu'il ne fumait qu'à moitié par peur d'absorber trop de nicotine. On le voyait déambuler, errer de rue en rue, en dialoguant avec lui-même, bien trop concentré à philosopher, au point d'ignorer les salutations qui lui étaient destinées. Et puis, après avoir refait le monde, il terminait ses soirées au théâtre ou à l'opéra.

Voilà le quotidien du philosophe qui considère que l'homme est condamné à la souffrance, que le bonheur est une illusion et que nous vivons dans « le pire des mondes possibles ».

## QUAND SES ILLUSIONS S'ENVOLENT TROP TÔT

Je sais ce que vous vous demandez : comment Schopenhauer le joueur de flûte peut-il être à l'origine d'une pensée aussi pessimiste ? Eh bien tout s'est joué à l'âge de 17 ans, mais pas que...

D'abord, Schopenhauer est intellectuellement précoce : à 15 ans, il a déjà lu tous les grands penseurs de son temps et parle une demi-douzaine de langues. Pour parfaire son éducation, son père commerçant et sa mère femme de lettres décident de lui faire découvrir l'Europe. Entre voyages et lectures, le jeune Schopenhauer s'émerveille devant des paysages et des cultures inconnus, et sa curiosité devient insatiable. Mais un jour, lors d'une visite à Toulon, il tombe nez à nez avec la misère, la vraie, pas celle qu'il a lue dans les livres. Cette visite, c'est celle d'un bagne où 6000 galériens sont enfermés, attachés, « dévorés par le chagrin et épuisés par le travail » écrit-il. L'horreur de la souffrance humaine le marquera toute sa vie, et il confessera dans son *Journal de voyage*, les prémices de son célèbre pessimisme :

> *« À dix-sept ans, alors que je n'avais reçu qu'une formation scolaire des plus médiocres, je fus saisi par la détresse de la vie, comme le fut Bouddha dans sa jeunesse lorsqu'il découvrit l'existence de la maladie, de la vieillesse et de la mort. » — Arthur Schopenhauer,* Journal de voyage *(1804)*

Ensuite, disons-le, Schopenhauer n'a pas hérité des meilleurs gènes. Il vient d'une famille touchée par la folie : deux de ses oncles se sont fait interner, sa grand-mère paternelle est devenue folle après avoir perdu son mari, et son père passera sa vie à lutter entre dépression et crises d'angoisse avant de se suicider le 20 avril 1806. À la mort de son père, il écrira : « Ce deuil accrut ma tristesse qui dégénéra, peu s'en faut, en maladie noire. » Et en effet, ça a dégénéré.

Comme son père, il passera sa vie seul, à combattre ses angoisses permanentes et ses phobies les plus aberrantes. Pour l'anecdote, Schopenhauer est terrifié par les maladies vénériennes (la syphilis notamment) et redoute les agressions nocturnes. C'est alors tout naturellement qu'il dort avec un pistolet sous son oreiller.

Pour autant, et je tiens à le préciser, Schopenhauer n'est pas fou furieux. Il est certes quelque peu dérangé par son anxiété et ses idées noires – qui le conduiront d'ailleurs à devenir insociable ; mais vous verrez que, malgré ses outrances, sa philosophie est extrêmement lucide sur la vie, et sur notre quête stérile du bonheur.

> *« La vie est un dur problème, j'ai résolu de consacrer la mienne à y réfléchir. » — Arthur Schopenhauer,* Journal de voyage *(1804)*

## DEUXIÈME MAUVAISE NOUVELLE : NOUS SOMMES CONDAMNÉS À LA SOUFFRANCE

Schopenhauer part du principe que vivre, c'est vouloir. À partir de là, il théorise un concept qu'il nomme la volonté, ou le vouloir-vivre qui représente l'essence même de l'homme et de toute chose. Pour faire simple, la volonté, c'est cette force cachée qui fait qu'une plante pousse, que votre chien vient s'assoir à côté de vous, et que vous vous levez de votre chaise pour répondre au téléphone. Derrière chaque action, derrière chaque mouvement dans le monde se trouve donc cette force extraordinaire de la volonté. Et vous l'aurez compris, c'est cette force secrète, cachée en chacun de nous, qui nous pousse à agir, à vouloir réaliser quelque chose. Nous sommes donc des êtres de vouloir, et c'est ce vouloir qui est la cause même de notre malheur.

> *« Se réaliser signifie être rempli par le vouloir, et celui-ci amène infailliblement des douleurs (...) On s'imagine monts et merveilles au sujet du bonheur et des jouissances que l'on peut rencontrer sur*

> *terre, la seule difficulté consistant à les atteindre... » — Arthur Schopenhauer,* Aphorismes sur la sagesse dans la vie *(1851)*

En effet, nous empoignons la vie avec la ferme intention d'aller à « la chasse au bonheur », de réaliser nos rêves les plus fous mais aussi nos désirs les plus ordinaires : trouver l'amour, avoir un métier épanouissant, fonder une famille, avoir une belle maison ; en pensant que ces projets sont la seule condition de notre bonheur. On veut, on agit et on espère que tout se réalisera comme on le souhaite.

Ensuite, il y a deux scénarios possibles :

• Soit nos désirs ne se réalisent pas à cause d'éléments extérieurs : l'amour ne frappe pas à notre porte, nous avons des soucis d'argent ou de santé qui nous empêchent de mener à bien nos projets. Ou à l'inverse, nos objectifs ne se concrétisent pas par manque de persévérance de notre part... Résultat : nous continuons d'espérer et nous souffrons.

• Soit nos désirs se sont réalisés plus ou moins comme prévu (peut-être que la maison n'est pas aussi grande que ce que nous rêvions, mais on s'y fait). Résultat : nous sommes déçus, insatisfaits, et nous souffrons.

> *« Avant tout, nul être humain n'est heureux. Il aspire sa vie entière, à un prétendu bonheur qu'il atteint rarement, et quand il l'atteint, c'est seulement pour être déçu. Mais en règle générale, chacun finit par rentrer au port après avoir fait naufrage... » — Arthur Schopenhauer,* Parerga et Paralipomena *(1851)*

Alors pourquoi souffre-t-on dans les deux cas ? Parce que pour Schopenhauer, désirer, c'est ressentir un manque, une frustration, une privation. Désirer, c'est aussi rechercher ce que l'on n'a pas, ou ce que l'on n'est pas. Voilà pourquoi, que l'on réalise nos projets ou non, nous restons condamnés à la souffrance : nous sommes des êtres de désirs, et désirer, c'est souffrir.

## TROISIÈME MAUVAISE NOUVELLE : NOUS SOMMES TOUJOURS INSATISFAITS

> *« La satisfaction d'aucun souhait ne peut procurer de contentement durable et inaltérable. C'est comme l'aumône que l'on jette à un mendiant : elle lui sauve la vie aujourd'hui pour prolonger sa misère jusqu'à demain... » — Arthur Schopenhauer,* Le Monde comme volonté et comme représentation *(1819)*

Si désirer, c'est souffrir, c'est aussi être insatisfait en permanence. Preuve en est : une fois que l'on a conjoint, maison et métier passionnant, on se crée de nouveaux désirs. On veut voyager, avoir des enfants, déménager au bord de la mer, changer de voiture et de téléphone, repeindre les murs du salon en rouge. Et ça ne s'arrête jamais. À croire que nos premiers objectifs n'étaient pas assez grands pour nous et qu'ils n'ont pas suffi à nous rendre heureux, car le bonheur qu'ils ont engendré était de courte durée. Alors, nous nous réfugions dans l'illusion qui consiste à croire que le bonheur viendra demain. On essaye de se convaincre que nous serons enfin satisfaits une fois que ces nouveaux projets se seront réalisés... Mais non.

> *« Nous vivons constamment dans l'attente du mieux (...) Et c'est là en règle générale le cours de la vie de l'homme ; dupé par l'espérance, il danse dans les bras de la mort. » — Arthur Schopenhauer,* Parerga et Paralipomena *(1851)*

Danser dans les bras de la mort, c'est souffrir à cause de l'espérance. Car une chose est sûre selon Schopenhauer : dès que l'on croit s'approcher du bonheur, il disparaît, nos désirs se renouvellent et notre insatisfaction ne cesse de grandir. Triste cercle vicieux, car cette logique du désir nous pousse finalement à dédaigner ce que nous avons et à poursuivre ce que nous n'avons pas.

Alors, Schopenhauer nous invite à inverser la tendance : plutôt que de courir après ce que nous ne possédons pas, il nous conseille de regarder ce que nous avons avec considération, et d'imaginer « et si cela m'était arraché ? ». Autrement dit, plutôt que penser « Et si j'avais cela ? » nous devrions plus souvent nous demander « Et si je perdais cela ? ». Imaginez que l'on vous arrache richesse, santé, famille, enfant, chien, chat, voiture et même votre micro-ondes ; et vous verrez que le nouveau téléphone que vous convoitez depuis quelques semaines perdra aussitôt tout son intérêt.

## NOUS SOMMES INCAPABLES DE SENTIR LE BONHEUR

Si on en croit Schopenhauer, vous aurez beau obtenir tout ce que vous voulez, réaliser vos rêves les plus fous, pour autant, vous ne vous sentirez jamais heureux. Pourquoi ? Parce que notre corps et notre esprit sont incapables de ressentir le moindre bonheur.

J'explique : Schopenhauer considère que « nous sentons la douleur mais non l'absence de douleur ». Ce qu'il appelle « absence de douleur », c'est le bonheur qu'il définit comme une absence : absence de souffrances, absence de problèmes, d'inquiétudes. En d'autres termes, vous êtes potentiellement heureux quand vous n'avez mal nulle part et quand RIEN ne vous tracasse. Mais malheureusement, ce rien, vous ne le percevez pas comme un bonheur, puisque vous ne le sentez même pas.

Prenons un exemple : vous venez de vous couper le doigt avec une feuille en papier. Savez-vous pourquoi vous restez focalisé pendant des heures sur votre minuscule coupure alors que tout votre corps va bien ? Tout simplement parce que vous sentez uniquement la douleur de votre doigt, et vous êtes incapable de sentir la bonne santé générale de votre corps. Eh oui, votre intestin grêle ne vous envoie pas de message pour vous dire qu'il va parfaitement bien.

Et si on y réfléchit, c'est pareil dans notre quotidien. Au lieu d'apprécier notre vie confortable et le bonheur que cela procure, nous sommes chagrinés par la tache de vin rouge sur une chemise récemment achetée, par les factures à payer... Sans voir que nous avons autour de nous tout ce qu'il nous faut pour vivre bien.

Si Schopenhauer pense que le bonheur est une illusion, c'est parce qu'il nous est imperceptible. Et pour les plus forts d'entre nous qui pensent se sentir heureux, ils réaliseront bien vite que ce bonheur est fragile et de courte durée, dès qu'ils feront de nouveau face aux soucis du quotidien. Ainsi, seuls la souffrance, les obstacles, les petites contrariétés éveillent notre attention. Mais pas le bonheur.

## ET SI ON ESSAYAIT QUAND MÊME D'ÊTRE MOINS MALHEUREUX ?

Cela vous surprendra peut-être, mais la déprime de notre Schopenhauer était provisoire. Disons plutôt que son pessimisme lui servait d'outil pour analyser le monde, dans le but d'atteindre une sagesse désillusionnée et un bonheur solide qui ne s'effondre pas devant la moindre contrariété.

Avec l'âge, Schopenhauer s'est donc transformé en optimiste. Et pour tout vous dire, il a même écrit un *Art d'être heureux*, car c'est cela qui le passionne vraiment : apprendre à vivre bien pour parvenir au bonheur. Cet art du bonheur, Schopenhauer lui donne différents petits noms : « la théorie de la félicité » ou encore « l'eudémonologie ». Cela consiste à suivre des règles de vie et de comportement dans l'espoir d'atteindre cette félicité et l'absence de douleurs.

En voici quelques-unes :

« Attends-toi au pire, et tu t'en trouveras bien quand le malheur arrivera. »

« Le bonheur appartient à ceux qui se suffisent à eux-mêmes. »

« Tu ne seras jamais heureux tant que tu seras torturé par un plus heureux. »

Bien entendu, ces règles de vie ne vous rendront pas plus heureux, mais elles vous éviteront d'être encore plus malheureux. Et c'est justement ça, le bonheur schopenhauerien : apprendre à être moins malheureux, apprendre à se protéger des coups du sort et des maux de la vie, apprendre à détruire nos souffrances, en se libérant de la tyrannie du vouloir et, accessoirement, arrêter de désirer ce que l'on n'aura jamais.

> *« Oui, c'est une consolation dans la vieillesse, que d'avoir derrière soi le labeur de la vie. L'homme le plus heureux est donc celui qui parcourt sa vie sans douleurs trop grandes, soit au moral, soit au physique, et non pas celui qui a eu pour sa part les joies les plus vives ou les jouissances les plus fortes. » — Arthur Schopenhauer,* Aphorismes sur la sagesse dans la vie *(1851)*

## POURSUIVRE EN TÊTE À TÊTE AVEC SCHOPENHAUER :

A. Schopenhauer, *L'Art d'être heureux* : à travers 50 règles de vie – Il s'agit d'un petit manuel de survie en cas de coup de blues. Schopenhauer, avec sa lucidité et son second degré, nous remet gentiment les idées en place. Ses règles sont à méditer, à appliquer et prouvent que bonheur et pessimisme ne sont pas forcément incompatibles !

# ÉPICTÈTE

*50-125/130 apr. J.-C.*

# VIVONS HEUREUX, VIVONS DÉTACHÉS

Épictète, c'est l'histoire d'un philosophe qui vivait dans l'Antiquité et dont on ne sait pas grand-chose, si ce n'est qu'il portait bien son nom. En grec, Ἐπίκτητος (Epíktêtos) signifie « homme acheté, serviteur » ; et c'était bien son cas : d'abord acheté, puis revendu, Épictète était esclave une grande partie de sa vie. Il serait né en 50 ap. J.-C. et mort entre 125 et 130. Ce dont on est sûr, c'est qu'il était barbu, pauvre et boiteux. La légende raconte que son maître Épaphrodite, un peu sadique sur les bords, se serait amusé à lui tordre la jambe jusqu'à ce qu'elle casse.

Malgré sa patte folle, Épictète retrouve sa liberté lorsque son maître se fait exécuter à Rome sur l'ordre de l'empereur Domitien, qui a découvert qu'Épaphrodite avait aidé l'empereur Néron à s'enfoncer une épée dans la gorge. Enfin une bonne chose dans la vie du pauvre Épictète. Libre, il peut se consacrer à la philosophie, et notamment au stoïcisme dont il deviendra un des penseurs les plus influents.

Mais à la fin des années 80 ap. J.-C., l'empereur Domitien ne supporte plus tellement les philosophes qui ont, selon lui, une mauvaise influence sur son pouvoir. Alors Épictète est contraint de quitter Rome pour s'installer à Nicopolis, une petite ville grecque où il restera jusqu'à la fin de sa vie. Rassurez-vous, ce déménagement ne l'a pas tellement bouleversé : il ne possédait qu'une paillasse pour dormir, et ça ne pesait pas très lourd dans sa valise. Arrivé à Nicopolis, Épictète est toujours pauvre, barbu, boiteux et simplement vêtu. Il enseigne sa philosophie, et, même s'il est totalement détaché des objets matériels, Épictète met un point d'honneur à avoir une hygiène irréprochable : il considère qu'un professeur de philosophie doit être propre pour ne pas repousser ses élèves. Et figurez-vous que ça a marché car tout ce que l'on sait d'Épictète aujourd'hui, c'est grâce à Arrien, son élève le plus fidèle qui a retranscrit toute la pensée de son maître dans plusieurs recueils : les fameux ***Entretiens d'Épictète.*** Ainsi, sans l'admiration de son disciple, tout son enseignement aurait été perdu, et on n'aurait jamais découvert sa philosophie pratique qui peut conduire au bonheur si on l'applique rigoureusement.

Si Épictète n'a écrit aucun livre, c'est d'abord parce qu'il voulait s'en tenir à un enseignement purement oral ; c'était la tradition des Maîtres à cette époque. Mais également parce qu'il croit que la philosophie ne se trouve pas que dans les livres. Bien au contraire, elle doit se vivre et se pratiquer au quotidien pour trouver cette paix de l'âme tant recherchée. Alors inutile de lui en vouloir car, après tout, il ne pouvait pas se douter que sa philosophie serait encore étudiée et pratiquée presque deux mille ans après sa mort. Conclusion : rien de nouveau au XXIe siècle, il semble que l'homme n'ait toujours pas trouvé le secret du bonheur, ni la paix intérieure... À croire qu'Épictète aurait eu beaucoup d'élèves aujourd'hui. Mais comme il n'aurait jamais pu venir jusqu'à nous avec sa jambe tordue, à nous d'aller vers lui pour comprendre la philosophie du bonheur de cet ancien esclave.

## PENSER CORRECTEMENT, ÇA PREND DU TEMPS

Difficile de comprendre de nos jours ce qui poussait les Anciens à traverser la Grèce à pied pour écouter des philosophes pendant des heures, des jours et parfois des semaines. On suppose que ces gens, jeunes ou âgés, ont tout simplement choisi de consacrer plusieurs années de leur vie à s'interroger sur eux-mêmes, pour trouver un sens à leur existence tout en comprenant le monde dans lequel ils vivent. Et comme il n'est pas facile de le faire seul, l'aide et la sagesse d'un maître sont alors les bienvenues. Ainsi, en fonction de ses idées, de ses valeurs, de ses convictions, on se choisit un maître et une école de philosophie qui nous correspondent, et on tente de vivre en philosophe grâce à l'enseignement que l'on reçoit.

Mais on ne devient pas Maître en un jour. Épictète considère que le vrai philosophe doit d'abord apprendre pour lui-même, c'est-à-dire, purifier son corps et sa pensée, régler ses propres tourments en accomplissant ses devoirs, en maîtrisant ses désirs, en pensant juste, pour finalement atteindre la sagesse et transmettre à ses disciples son art du bonheur. Il s'agit d'un vrai travail de réflexion et de maîtrise de soi qui prend des années.

> *« Commence par faire en sorte qu'on ne sache pas qui tu es : pendant quelque temps, sois philosophe pour toi seul. » — Épictète,* Entretiens.

Une fois ce travail accompli, les choses changent car, comme je vous le disais, le philosophe n'est pas en représentation pendant une heure ou deux dans une salle de classe tel que l'on aurait tendance à l'imaginer aujourd'hui. Rien de cela. À l'époque, le Maître vit devant ses disciples, il est donc scruté en permanence : on observe ses gestes, ses actes, ses humeurs, on échange avec lui, on lui pose plein de questions et on juge ses réponses, son raisonnement. Jour après jour, année après année, le philosophe doit incarner la sagesse qu'il propose. Mais ce n'est pas tout le temps simple. Comme l'école est ouverte à tous, Épictète est souvent exposé à des questions loufoques des gens de passage. Autrement dit, des visiteurs pas très sérieux viennent le voir parce qu'ils ont un problème à régler et exigent une réponse du philosophe : « Mon frère ne me parle plus : que dois-je faire ? » ou encore « J'aimerais être mieux vu de tel empereur, comment m'y prendre ? ». Face à ces opportunistes trop pressés, autant vous dire qu'Épictète n'est pas très tendre, il n'a même aucun scrupule à les virer ! Oui, il a beau être sage, parfois il s'emporte un peu. Généralement, il répond que la philosophie est un travail de longue haleine, qui prend du temps et qui soignera le cœur de celui qui s'y consacre. En revanche, celui qui veut des réponses tout de suite, eh bien il est plutôt mal tombé :

> *« Rien de grand ne se produit de façon subite, puisque même la grappe de raisin ou la figue ne le font pas. Si tu me dis maintenant : « Je veux une figue », je te répondrai : il faut du temps. Laisse d'abord venir les fleurs, puis naître le fruit, et enfin laisse-le mûrir. Le fruit du figuier n'arrive pas subitement, ni en une heure ; et le fruit de la résolution humaine, tu veux l'avoir si vite et si facilement ? Même si je te le disais, n'y compte pas. » — Épictète,* Entretiens, *Livre I, XV.*

Ainsi, seuls les plus téméraires et les plus patients pourront recevoir l'enseignement du Maître, car, même s'il n'y a pas de sélection à l'entrée, Épictète demande tout de même à ses élèves de reconnaître leur ignorance et de lui faire confiance pour reconstruire tout ce qui va de travers chez eux. Celui qui n'accepte pas d'être chamboulé ne sera donc jamais philosophe.

## LES DEUX CONDITIONS DU BONHEUR

L'objectif des stoïciens dont Épictète fait partie, c'est de parvenir à l'ataraxie, un joli mot qui signifie l'absence de troubles de l'âme, la tranquillité absolue, la sérénité, le bonheur. Et le premier pas vers ce bonheur commence par vivre en accord avec la nature et le divin. Je sais, ces mots peuvent paraître effrayants aujourd'hui, mais il n'en est rien : rappelez-vous, dans l'Antiquité, les dieux étaient présents partout et les Grecs en avaient même plusieurs. Ils faisaient des sacrifices pour s'attirer leurs bonnes grâces : par exemple, on priait Poséidon (le dieu de la mer) pour demander sa protection quand on partait en mer. Alors, dans la bouche des stoïciens, « vivre en accord avec la nature et le divin » revient simplement à reconnaître que nous ne sommes pas des dieux !

Il était très mal vu à l'époque de se prendre pour quelqu'un d'autre, d'avoir l'arrogance de se croire plus fort que l'on est. Voilà pourquoi la règle numéro un du stoïcisme est de s'ajuster à l'ordre du monde, en étant à la place qui nous revient et en acceptant nos faiblesses, puisque nous ne sommes pas des dieux. En revanche, notre devoir est d'imiter le comportement parfait des dieux. Il faut faire confiance à notre raison (qui est un cadeau divin) car elle nous dictera les conduites à adopter dans les moments difficiles. Aujourd'hui, cela revient à se dire : « Je m'appelle Michel, j'ai conscience de n'être qu'un homme, d'avoir un cerveau qui me permet de penser librement, j'accepte mes faiblesses mais je connais mes forces, et je ne me prendrai jamais pour plus fort que je suis car je n'ai pas de superpouvoirs pour changer l'ordre du monde. »

> *« Le commencement de la philosophie, pour qui s'y met comme il faut et entre par la porte, c'est d'avoir conscience de sa propre faiblesse et de son impuissance devant les choses nécessaires. » — Épictète,* Entretiens, *Livre II, XI.*

Une fois que l'on a trouvé sa place et admis son impuissance, le deuxième pas vers l'ataraxie consiste à changer sa manière de penser. Pour les stoïciens, si nous sommes souvent malheureux, c'est parce que nous commettons en permanence des erreurs de jugement : c'est d'ailleurs la raison pour laquelle Épictète et les autres maîtres stoïciens enseignent à leurs élèves la logique, la morale et la physique, pour qu'ils fassent meilleur usage de leurs méninges. Le principe qu'Épictète nous demande d'appliquer est le suivant : discerner ce qui dépend de nous et ce qui ne dépend pas de nous.

• Les choses qui dépendent de nous : nos actes, nos choix, nos pensées, nos opinions, nos jugements, nos désirs…

• Les choses qui ne dépendent pas de nous : la richesse, l'amour, le succès, la maladie, la mort, nos parents, nos enfants, nos amis... Bref, tout ce qui nous entoure.

Selon Épictète, le seul moyen d'être heureux est de se concentrer uniquement sur les choses qui dépendent de nous, et ne plus accorder d'importance à celles qui ne dépendent pas de nous. Notre erreur de jugement est de croire que nous maîtrisons les choses qui ne dépendent pas de nous, alors que non... La richesse, l'amour, le succès, la mort ne dépendent pas de notre volonté, mais bel et bien du hasard, des circonstances de la vie sur lesquelles nous n'avons aucun pouvoir. Prenons l'exemple de la célébrité : si vous pensez que votre succès dépend entièrement de votre talent, vous faites fausse route. La célébrité vient aussi des gens qui voudront bien découvrir votre talent et qui prendront la peine d'en parler autour d'eux jusqu'à ce que vous soyez une rockstar. Et ça, vous ne pouvez pas le contrôler et c'est précisément votre impuissance à cet égard qui vous rendra malheureux.

Il faut donc relativiser, prendre les choses comme elles viennent et ne pas lutter à vouloir changer les choses car vous n'y parviendrez pas. Même constat pour la mort : en tant que mortels, nous savons tous que nous allons mourir, on ne peut rien y faire, c'est comme ça. En revanche, ce qui dépend de nous, c'est notre jugement sur la mort : soit on choisit d'en avoir peur, quitte à être angoissé et se pourrir la vie, soit on choisit de l'accepter en la considérant comme notre fin naturelle, ou comme un soulagement de nos souffrances si on est malade. Il ne tient qu'à nous de lui accorder une valeur positive ou négative.

> *« Ce qui trouble les hommes, ce ne sont pas les choses, mais les jugements qu'ils portent sur les choses. Ainsi la mort n'est rien de redoutable (...) mais le jugement que nous portons sur la mort en*

> *la déclarant redoutable, c'est là ce qui est redoutable. » — Épictète,* Manuel.

C'est justement ce qu'Épictète martèle à longueur de journée dans la tête de ses élèves : ce qui nous angoisse, ce sont les jugements que nous portons sur les choses extérieures (la mort nous tétanise car c'est la fin de notre vie, la maladie nous effraie car nous ne voulons pas souffrir, la pauvreté nous prive de nos rêves et de nos désirs, etc.) Mais lorsque l'on a compris que ces jugements dépendent entièrement de nous, il suffit de travailler dessus et de les modifier de manière qu'ils nous aident à accepter la vie et parfois les drames tels qu'ils se présentent. Et quand on voit les choses sous cet angle-là, tout s'apaise enfin.

## LA GRANDE LEÇON D'EPICTETE

Modifier nos jugements tout en arrêtant de lutter contre ce qui ne dépend pas de nous, ça commence aussi par se dire que ce n'est pas de notre faute s'il pleut dehors, et que l'on soit tristes ou en colère ne changera rien à la météo. Pour les stoïciens, celui qui tient à son bonheur doit s'imposer une indifférence absolue à l'égard des circonstances extérieures, car c'est le seul moyen de ne pas s'effondrer lorsqu'un évènement triste se produit. Mais comment faire ? Épictète a une solution. Il propose à ses élèves un exercice à réaliser tous les jours : il s'agit de s'imaginer soi-même face à toutes sortes de situations tristes ou réjouissantes et de s'exercer à avoir les bonnes réactions.

Par exemple, imaginez que l'on vous découvre une maladie incurable : la réaction de l'homme commun serait d'être triste, voire déprimé tout en gardant l'infime espoir de guérir. En revanche, la réaction du sage serait de se dire que la maladie ne dépend pas de lui, qu'elle est certes un accident pour notre corps, mais pas pour notre esprit. « Dis-toi de même à chaque accident, et tu trouveras que c'est une entrave pour quelque autre chose, mais non pour toi », ajoute-t-il.

Le sage n'espérerait même pas guérir, il vivrait sa maladie puisqu'il considère que même si la vie est abîmée, elle a quelque chose de beau à offrir. Ainsi, c'est en s'entraînant tous les jours à avoir les bonnes réactions, les bonnes émotions et les bons jugements que tout finit par nous glisser dessus.

Se détacher du monde et de ceux qu'on aime n'est évidemment pas facile. Mais là aussi Épictète a une solution :

> *« L'exercice consiste, quand on s'attache à quelque chose, à ne point s'y attacher comme à un objet qu'on ne peut nous enlever, mais comme à un objet du genre d'une marmite ou d'une coupe en verre, de façon que, si on la brise, se rappelant ce que c'était, on n'en subisse aucun trouble. De même aussi dans notre cas, si tu embrasses ton enfant, ton frère, ton ami (...) rappelle-toi à toi-même que tu aimes un mortel, que tu n'aimes là rien qui t'appartienne en propre ; cela t'a été donné pour le moment, non sans reprise possible ni pour toujours (...) Donc, au moment même où tu jouis de quelque objet, mets-toi devant l'esprit les représentations contraires. Quel mal y a-t-il à dire tout bas, en embrassant ton enfant : « Demain tu mourras », de même pour ton ami : « Demain tu t'expatrieras, ou bien moi, et nous ne nous reverrons plus » ? » — Épictète,* Entretiens, *Livre III, XXIV.*

Oui, je sais, c'est super dur et super violent de regarder son enfant ou ceux qu'on aime en se disant qu'un jour, ils nous seront enlevés. Je sais aussi qu'à présent vous voyez Épictète comme un homme sans cœur, qui se fout de tout en ne s'attachant à rien. Vous avez en partie raison : il est plus facile d'être détaché de tout quand on n'a rien, et c'était le cas d'Épictète. Il n'avait ni femme, ni enfant, ni famille, ni maison et il était pauvre, donc ce n'était pas trop difficile pour lui de mettre en application sa doctrine. Et pour être totalement honnête, c'est le seul stoïcien qui a eu le mérite de vivre en totale adéquation avec le stoïcisme. On ne pourra pas en dire autant de Sénèque qui était ministre ni de Marc Aurèle qui était empereur. Ces deux derniers étaient extrêmement riches et vivaient dans un luxe absolu, contrairement à Épictète.

Mais en ce qui nous concerne, il ne s'agit pas de nous transformer en Épictète. Voyons plutôt son discours comme une invitation à penser autrement : Épictète nous conseille de ne pas s'attacher à l'argent, à nos objets, à nos souvenirs, ni même à nos parents, à notre mari ou notre femme, à nos enfants, nos amis ; car ils ne nous appartiennent pas. Peut-être qu'un jour on aura moins d'argent, que l'on perdra notre maison et notre belle voiture, peut-être qu'un jour la maladie nous séparera d'un proche ou d'un enfant.

Alors pour se protéger des coups du sort, Épictète nous suggère de mettre de la distance entre le matériel, nos proches et nous-mêmes. À ce propos, les bouddhistes ont le même raisonnement que lui : pour eux, s'attacher est une folie parce que la réalité de la vie et du monde nous montre que tout change. Rien n'est permanent. La vie, l'amour et l'amitié ne durent pas, même votre nouveau téléphone finira par se casser. Ainsi, on payera un jour ou l'autre notre attachement pour quelqu'un ou pour quelque chose lorsque cette personne ne fera plus partie de notre vie ou que l'objet se brisera.

Pour autant, devenir imperméable à tout ce qui nous entoure ne signifie pas devenir insensible ou avoir du mépris pour le reste du monde. Ce n'est pas non plus une incitation à vivre seul, en ermite au fond des bois. Au contraire, le stoïcisme enseigne à vivre ensemble en société et en citoyen du monde. Néanmoins, la doctrine stoïcienne incite, pour notre bien, à ne pas trop s'impliquer dans les affaires des autres qui, encore une fois, ne dépendent pas de nous. Car le vrai message qu'il y a derrière tout cela, c'est que nous sommes responsables uniquement de nous-mêmes, et pas des problèmes de la terre entière.

> *« Le chagrin d'un autre n'est point à moi. C'est mon propre chagrin qui est mien. Par conséquent, le mien, je le ferai cesser à tout prix, car cela dépend de moi ; pour celui des autres, j'essaierai, suivant mes forces, mais je n'essaierai pas à tout prix. Sinon je combattrai contre les Dieux, je me mettrai en opposition avec Zeus, je serai en contradiction avec lui pour le gouvernement de l'univers. » — Épictète,* Entretiens, *Livre III, XXIV.*

## POURSUIVRE EN TÊTE À TÊTE AVEC ÉPICTÈTE :

Épictète, *Entretiens* – À alterner avec la lecture de son *Manuel*. Ces deux livres sont une belle introduction au stoïcisme, et peuvent par la même occasion aider à mieux vivre. Faciles à lire, apaisants, piochez-y les grandes leçons et la sagesse d'Épictète rapportées par son disciple Arrien.

# FRIEDRICH NIETZSCHE

*1844-1900*

# VIVRE. OUBLIER. RECOMMENCER.

Nietzsche, c'est l'histoire d'un philosophe allemand qui, dans les faits, n'a pas eu la vie la plus joyeuse du monde. Tout commence à l'âge de 5 ans : son père, qui est pasteur, tombe sur la tête et meurt. Un an plus tard, c'est le tour de son frère... Le petit Nietzsche grandit donc avec sa mère et sa sœur Élisabeth qu'il détestera jusqu'à la fin de sa vie, et vous comprendrez pourquoi plus tard. À 10 ans, Nietzsche est un enfant surdoué et souhaite perpétuer la tradition familiale en devenant pasteur comme son père. Mais vers l'âge de 20 ans, tout bascule.

Alors qu'il étudie la théologie, il perd la foi et délaisse la religion, ce qui rendra sa pieuse mère excessivement triste ; je vous laisse donc imaginer sa tête quand il écrira quelques années plus tard son célèbre « Dieu est mort ! ». Néanmoins, s'il renonce à la religion, c'est aussi parce que sa vocation de philosophe vient de naître après avoir lu Schopenhauer : il se rend compte que la philosophie, contrairement à la religion, peut réellement aider à résoudre le lourd problème de l'existence qui pèse sur chacun de nous. En attendant que ses idées mûrissent, Nietzsche se tourne vers la philologie (l'étude d'une langue, d'une civilisation par l'analyse de ses textes), discipline qui ne le passionne pas vraiment mais dans laquelle il excelle au point d'être nommé professeur, à 25 ans à peine. Tout semble aller pour le mieux, mais en réalité, ce n'est pas la joie : Nietzsche passe la majeure partie de son temps à travailler pour combler sa solitude et, surtout, il souffre d'affreux maux de tête et de violentes nausées.

Malgré cela, Nietzsche s'obstine, il écrit, il réfléchit à la vie, il enseigne, jusqu'à ce que son état de santé l'oblige à quitter son poste de professeur en 1879. Il entame alors une vie d'errance avec l'infime espoir de guérir, il vogue de chambre d'hôtel en chambre d'hôtel entre l'Italie, les stations balnéaires de la Méditerranée et la Suisse pour se ressourcer. Mais rien n'y fait, ses douleurs s'intensifient : il ne peut plus lire, ni écrire, ni même écouter de la musique… Et étrangement, c'est pendant sa période de voyages que ses écrits abondent le plus. À croire qu'il pressentait l'urgence de terminer son travail avant qu'il soit trop tard… Pour dire vrai, il a bien fait de se dépêcher, car le point de non-retour est arrivé assez rapidement.

Dès 1889, Nietzsche commence à perdre la tête. Quelque peu mégalomane, il se prend pour différents personnages historiques, il envoie des lettres à ses amis qu'il signe par « Dionysos » (dieu du vin dans la mythologie), ou encore « Nietzsche César » ou « Crucifié ». À cela s'ajoute l'épisode de Turin : la légende raconte que Nietzsche marchait dans la rue et se serait subitement jeté sur un cheval en l'embrassant parce que son cocher le frappait un peu trop fort pour qu'il avance. Après une telle scène, nul autre choix que de passer par la case hôpital psychiatrique, où son bulletin d'admission mentionne « A toujours été un peu bizarre. Très doué. »

La suite n'a rien de très réjouissant : Nietzsche sombre dans la folie, il meurt en 1900 d'une paralysie générale causée par la syphilis qu'il aurait contractée dans un bordel à Cologne.

On pourrait croire que son malheur a cessé après sa mort, mais ce n'est même pas le cas. Alors que ses travaux et sa pensée commencent à être reconnus, sa sœur Élisabeth, mariée à un antisémite notoire avec lequel elle fondera une famille de purs Aryens au Paraguay, s'amuse à réécrire certains passages des œuvres de son frère (*La Volonté de puissance*) pour qu'ils correspondent à l'idéologie nazie. C'est l'une des raisons pour lesquelles le nom de Nietzsche est associé au nazisme puisque dans les années 1930, les nazis se sont approprié ses textes pour justifier leur cause nauséabonde. Ils ont détourné le concept de Nietzsche du « surhomme » en y voyant l'incarnation de la race aryenne qu'ils prônaient. Raccourci bien répugnant qui ne fait pas honneur à sa philosophie. Certes Nietzsche a voulu transformer les hommes, mais pas en d'horribles barbares antisémites blonds aux yeux bleus. Son but à lui, c'était de transformer les hommes pour les rendre forts face aux épreuves de la vie, tout en étant épanouis et heureux.

## IL VOULAIT CHANGER LES HOMMES ET BALAYER LEURS CROYANCES

Nietzsche est un homme inquiet. À son époque, il trouve déjà que le monde ne tourne pas rond. Ses préoccupations concernent le sens et l'avenir de notre civilisation, et ses constats ne sont pas très joyeux : selon lui, les hommes sont trop soumis aux institutions (religion, politique, etc.), au point d'en devenir esclaves et de ne plus penser par eux-mêmes. Lui qui était destiné à devenir pasteur passera sa vie à démolir la religion, et surtout la morale judéo-chrétienne prodiguée par l'Ancien Testament (***Les Dix Commandements***) qu'il trouve profondément hypocrite car, d'après lui, ces belles paroles ne sont ni respectées ni appliquées par les croyants.

Son analyse va plus loin. Il voit dans la religion une extrême négation de la vie, qu'il appelle aussi le nihilisme (le rejet radical de toute valeur, on ne croit plus en rien de positif et on plonge en plein désespoir). D'abord parce qu'il considère que la religion dévalorise le monde réel au profit d'un « arrière-monde » imaginaire : le paradis, c'est mieux que la vraie vie, paraît-il. Ensuite parce que la religion réprime les plaisirs de la vie (désirs, passions, bonheur) et va même jusqu'à faire l'éloge de la faiblesse, des pauvres et des malades. Difficile de croire en la vie après de tels constats.

> *« La notion de « Dieu » a été inventée comme antithèse de la vie ! En elle se résume, en une unité épouvantable, tout ce qui est nui-*

*sible, vénéneux, calomniateur, toute haine de la vie. » — Friedrich Nietzsche,* Ecce homo, *« Pourquoi je suis un destin » (1888).*

Voilà pourquoi Nietzsche a écrit « Dieu est mort » : il n'a plus foi en Dieu, mais croit profondément en l'homme et en la vie. Il invite alors les hommes à reprendre le contrôle de leur vie et à prendre conscience de leur toute-puissance pour devenir des surhommes, qui n'attendent pas d'être au paradis pour être heureux. Pour cela, Nietzsche affirme que l'homme doit passer par trois étapes pour se reconstruire : d'abord, il sera chameau, car le chameau symbolise la bête qui transporte ses valeurs sans réfléchir, à l'image de l'esclave. Ensuite, il deviendra lion pour représenter la révolte contre les valeurs traditionnelles. Enfin, il deviendra enfant et renaîtra avec une nouvelle connaissance, une nouvelle morale et une joie de vivre qu'il avait perdue. C'est seulement à la suite de ces trois étapes que l'on devient un surhomme, c'est-à-dire un homme qui se surpasse chaque jour un peu plus, qui se transcende, qui devient celui qu'il veut être sans mépris, avec un enthousiasme profond pour la vie, un homme heureux. Et tout cela, bien sûr, sans l'aide de Dieu.

*« Hommes supérieurs ! Maintenant seulement la montagne de l'avenir humain va enfanter. Dieu est mort : maintenant nous voulons que le Surhumain vive ! » — Friedrich Nietzsche,* Ainsi parlait Zarathoustra *(1883-85).*

## DU CHAMEAU AU SURHOMME

On est tous un peu chameau. On se balade tous avec un poids sur les épaules. Et pour Nietzsche, ce boulet que l'on traîne, c'est notre passé. En effet, il considère que l'on regarde un peu trop souvent en arrière et que notre attachement au passé, qu'il soit positif en nous remémorant nos jolis souvenirs avec nostalgie ou négatif en ressassant indéfiniment nos malheurs, nous éloigne du présent.

La solution ? Oublier le passé. Oui, je sais, de la part d'un philosophe, ça peut paraître surprenant. On a tendance à penser que l'oubli est une faiblesse, un dysfonctionnement de notre mémoire.

Mais pour Nietzsche, c'est tout l'inverse : il choisit de faire l'éloge de l'oubli car il estime que si nous sommes trop surchargés de souvenirs, nous ne pourrons pas vivre pleinement dans le présent et créer sereinement notre avenir. Prenons au hasard l'exemple d'une rupture amoureuse : si vous repensez sans cesse à votre ex qui vous a quitté depuis des années, inutile de dire que vous n'êtes toujours pas prêt à reprendre en main votre avenir amoureux.

Pour illustrer davantage son propos, Nietzsche imagine le cas d'un homme qui aurait une mémoire absolue et qui se souviendrait de tout ce qu'il a vécu. Certains l'envieront peut-être, mais pour Nietzsche, il s'agit plus d'une malédiction que d'un super-pouvoir : selon lui, trop ruminer le passé nuit et détruit aussi bien un homme qu'une civilisation. Alors cet homme à la mémoire absolue est d'avance condamné : à force de vivre dans le passé, il oublie son présent et meurt à petit feu de son manque d'action et de projets. Bref, il passerait totalement à côté de sa vie. Et ce n'est pas compatible avec l'objectif de Nietzsche qui, je vous le rappelle, est de transformer l'homme pour qu'il soit mieux dans ses baskets de surhomme. Mais pour y parvenir, il est indispensable de se débarrasser de ce qui pèse encore sur nous aujourd'hui (souvenirs douloureux, expériences traumatisantes, etc.), et de laisser de côté ce passé qui encombre beaucoup trop l'avenir.

> *« Fermer de temps en temps les portes et les fenêtres de la conscience ; demeurer insensibles au bruit et à la lutte que le monde souterrain des organes à notre service livre pour s'entraider ou s'entre-détruire ; faire silence, un peu, faire table rase dans notre*

> *conscience pour qu'il y ait de nouveau de la place pour les choses nouvelles (...) voilà, je le répète, le rôle de la faculté active d'oubli, une sorte de gardienne, de surveillante chargée de maintenir l'ordre psychique, la tranquillité, l'étiquette. On en conclura immédiatement que nul bonheur, nulle sérénité, nulle espérance, nulle fierté, nulle jouissance de l'instant présent ne pourrait exister sans faculté d'oubli. » — Friedrich Nietzsche,* La Généalogie de la morale *(1887)*

Autrement dit, l'oubli est une condition du bonheur. Pour Nietzsche, il s'agit même d'un besoin vital comme manger, dormir, ou boire puisqu'« il est possible de vivre presque sans souvenir et de vivre heureux comme le démontre l'animal, mais il est impossible de vivre sans oublier ». Oublier revient donc à se libérer du passé, à ne plus être le chameau qui transporte ses souvenirs sur le dos sans voir la beauté du présent et les possibilités multiples que nous offre l'avenir. Oublier, c'est aussi reposer notre cerveau, pour ne plus revivre en permanence les luttes passées et garder cette énergie pour nos combats à venir.

Pour autant, Nietzsche ne prône pas l'amnésie complète, il affirme que notre rapport au passé doit être équilibré et qu'il nous revient de faire un tri parmi nos souvenirs, pour laisser de côté ceux qui nous troublent encore aujourd'hui.

## SA SOLUTION : L'AMOR FATI

Je me dois d'insister sur une chose : oublier certaines périodes de notre passé ne veut pas dire oublier le malheur, ce serait vivre dans le mensonge. Au contraire, Nietzsche est le philosophe qui conçoit le bonheur comme la réconciliation avec le malheur : il n'apprend pas à éviter le malheur ou à y devenir insensible. Il apprend à accepter la réalité de la vie et cette réalité, c'est d'admettre sans rechigner que le malheur, la souffrance, la mort font partie de la vie ! Il faut donc aimer la vie dans sa globalité, c'est-à-dire vivre à fond le bonheur et traverser pleinement les peines.

Prenons l'exemple de Nietzsche. Je vous l'ai présenté comme un homme qui n'a pas eu beaucoup de chance dans la vie : mort de son père et de son frère dès son plus jeune âge, maladie qui l'a condamné à 30 ans à vivre avec d'intenses douleurs, conflits avec sa sœur antisémite, vie amoureuse peu palpitante, et la folie qui l'a ravagé. Soyons honnêtes, il n'a pas été épargné par le malheur. Mais, à l'image de sa philosophie, il l'a accepté et a vécu pleinement ses souffrances, à tel point que sa maladie est même devenue un élément de son génie : « La maladie peut même être un stimulant énergique de la vie, du surplus de vie. C'est ainsi que m'apparaît maintenant en fait cette longue période de maladie : j'ai découvert pour ainsi dire de nouveau la vie, moi-même inclus, je dégustai toutes les bonnes choses et même les petites, comme d'autres n'y parviendraient pas aisément - je fis de ma volonté de santé, de vivre, ma philosophie... » écrit-il lors de sa dernière année de lucidité en 1888, dans *Ecce homo.*

Ainsi d'après Nietzsche, le premier pas vers le bonheur consiste à dire « oui » à la vie, dire « oui » à son destin. C'est ce qu'il appelle l'amor fati, « l'amour du destin » en latin. Il ne s'agit pas d'un « oui » passif ou résigné qui serait celui du paresseux qui se dirait « à quoi bon vivre ? » et qui endurerait la vie dans la souffrance. Il s'agit d'un « oui » franc, honnête, digne d'un surhomme, qui marcherait la tête haute vers son destin, prêt à jouir de la vie, dans les bons comme dans les mauvais moments.

> *« Je veux apprendre toujours plus à voir dans la nécessité des choses le beau : je serais ainsi l'un de ceux qui embellissent les choses. Amor fati : que ce soit dorénavant mon amour ! (...) Je veux même, en toutes circonstances, n'être plus qu'un homme qui dit oui ! » — Friedrich Nietzsche,* Le Gai Savoir, *§276 (1882)*

# ET SI TOUT RECOMMENÇAIT ?

Vous voulez savoir si vous êtes prêts à dire « oui » à la vie et à votre destin ? Ça tombe bien, Nietzsche a écrit un petit test parfait :

> *« Et si un jour ou une nuit, un démon se glissait furtivement dans ta plus solitaire solitude et te disait : « Cette vie, telle que tu la vis et l'as vécue, il te faudra la vivre encore une fois et encore d'innombrables fois ; et elle ne comportera rien de nouveau, au contraire, chaque douleur et chaque plaisir et chaque pensée et soupir et tout ce qu'il y a dans ta vie d'indiciblement petit et grand doit pour toi revenir, et tout suivant la même succession et le même enchaînement – et également cette araignée et ce clair de lune entre les arbres, et également cet instant et moi-même. L'éternel sablier de l'existence est sans cesse renversé, et toi avec lui, poussière des poussières ! » - Ne te jetterais-tu pas par terre en grinçant des dents et en maudissant le démon qui parla ainsi ? Ou bien as-tu vécu une fois un instant formidable où tu lui répondrais : « Tu es un dieu et jamais je n'entendis rien de plus divin ! » Si cette pensée s'emparait de toi, elle te métamorphoserait, toi, tel que tu es, et, peut- être, t'écraserait ; la question, posée à propos de tout et de chaque chose, « veux-tu ceci encore une fois et encore d'innombrables fois ? » ferait peser sur ton agir le poids le plus lourd ! Oui, combien te faudrait-il aimer et toi-même et la vie pour ne plus aspirer à rien d'autre qu'à donner cette approbation et apposer ce sceau ultime et éternel ? » — Friedrich Nietzsche,* Le Gai Savoir, *§341 (1882)*

Je résume : Nietzsche imagine qu'un démon nous jette un sort qui s'appelle « l'Éternel retour ». Ce sort serait de revivre à l'infini les moments les plus heureux de notre vie, les joies les plus grandes mais aussi nos tristesses, nos malheurs, nos peines, nos souffrances... Le but de cette expérience de pensée est de savoir quelle serait notre réaction face à cette épreuve. Selon Nietzsche, deux comportements sont envisageables : il y a d'un côté ceux qui prendront cette annonce comme une malédiction, un fardeau ; et d'un autre côté il y a ceux qui recevront cette nouvelle avec joie, comme s'il s'agissait d'une bénédiction.

Qu'en est-il pour vous ? Seriez-vous prêts à revivre vos plus beaux souvenirs mais aussi vos erreurs de jeunesse, la disparition tragique d'un proche, les déceptions amoureuses, la solitude, l'angoisse, la maladie ? Si votre réponse est oui, vous êtes, selon Nietzsche, dans l'acquiescement suprême de la vie. Vous avez une puissance d'affirmation et une force de caractère, bravo, continuez ainsi. En revanche, si votre réponse est négative, c'est qu'il vous reste encore un peu de travail avant d'errer sur les chemins de l'épanouissement les cheveux au vent. Et selon Nietzsche, ce travail consiste à prendre conscience de la responsabilité de vos actes et de vos choix : vous devez créer dès maintenant la vie que vous aimeriez revivre infiniment. Conclusion : être heureux, c'est être capable d'accepter que ce que l'on vit puisse se répéter infiniment... Même si on ne vivra jamais infiniment.

---

## POURSUIVRE EN TÊTE À TÊTE AVEC NIETZSCHE :

F. Nietzsche, ***Ecce homo*** – Difficile de dire par où commencer avec Nietzsche : il est plus difficile à lire qu'on ne le dit (dans ses œuvres, les références sont nombreuses et l'ironie peuvent nous faire passer à côté de son message). Alors je vous propose de commencer par la fin avec ***Ecce homo***, son dernier livre. Il s'agit d'une autobiographie philosophique. Nietzsche se raconte lui-même tout en expliquant la genèse de ses œuvres. C'est, je pense, le meilleur moyen de se faire une idée du philosophe avant d'envisager sa philosophie.

# BARUCH SPINOZA

*1632-1677*

# S'ACHARNER À TROUVER LA JOIE

Spinoza, c'est l'histoire d'un penseur maudit qui est pourtant devenu la star de la philosophie du XVIIe siècle. Bergson disait même « tout philosophe a deux philosophies, la sienne et celle de Spinoza ». Mais avant d'inspirer les plus grands penseurs, Spinoza en a un peu bavé. Tout commence en 1632, Spinoza naît à Amsterdam, il appartient à la communauté juive et fait ses premières études dans une école rabbinique où il acquiert une solide connaissance de la Bible hébraïque.

À 15 ans, c'est un élève brillant mais il est marqué par une expérience quelque peu traumatisante : un certain Uriel da Costa est flagellé devant lui par des rabbins qui l'accusent de nier l'immortalité. Alors, Spinoza va commencer à se poser des questions. À 24 ans, il affirme que Dieu n'existe que philosophiquement parlant, que la Loi juive est fausse, et que la foi est inutile puisque les âmes meurent avec le corps. Après de telles déclarations, vous vous doutez bien que Spinoza ne s'est pas fait beaucoup de copains. Il se retrouve donc exclu de la communauté juive, on le maudit et le 27 juillet 1656, il est violemment excommunié par les autorités rabbiniques qui prononcent :

> *« À l'aide du jugement des saints et des anges, nous excluons, chassons, maudissons et exécrons Baruch de Spinoza, avec le consentement de la sainte communauté. (...) Qu'il soit maudit le jour, qu'il soit maudit la nuit, qu'il soit maudit pendant son sommeil et pendant qu'il veille. (...) Veuille l'Éternel allumer contre cet homme toute sa colère et déverser contre lui tous les maux mentionnés dans le livre de la Loi ; que son nom soit effacé dans ce monde et à tout jamais et qu'il plaise à Dieu de le séparer de toutes les tribus*

*d'Israël. (...) Que personne ne demeure sous le même toit que lui et que personne ne lise aucun de ses écrits. »*

Oui, la sentence est sévère mais, à l'époque, on ne rigole pas tellement avec le blasphème. Spinoza a d'ailleurs échappé de peu à la mort : on raconte qu'en sortant du théâtre, un juif fanatique aurait tenté de l'assassiner. Blessé, Spinoza aurait conservé son manteau troué par le couteau pendant de longues années, pour se rappeler que le fanatisme religieux mène bien souvent à la folie. Pour ne pas s'attirer plus d'ennuis, Spinoza déménage et s'éloigne d'Amsterdam. Il vit de son travail artisanal, il taille et polit des verres optiques, comme son père le lui avait appris.

Et en même temps, il se consacre à ses écrits philosophiques, notamment son ***Traité théologico-politique*** dans lequel il défend l'usage de la raison dans la religion. Il le publie anonymement par peur des représailles politiques et religieuses car, à l'évidence, le pouvoir religieux de l'époque préfère que les fidèles croient sans se poser de questions plutôt qu'ils réfléchissent au bien-fondé de ces croyances religieuses. Ce livre vaut à Spinoza un véritable succès, ainsi qu'une réputation d'athée et de libertin. Mais autant vous dire que pour un libertin, on a connu plus débridé que Spinoza : il passe son temps dans sa petite maison en briques à parler philosophie avec son petit cercle d'amis et à écrire l'œuvre de sa vie, l'***Éthique***.

En 1676, Spinoza est gravement malade. On parle d'une maladie pulmonaire qui serait due aux poussières de verres qu'il respirait en fabriquant ses lunettes. Il meurt à 45 ans, seul dans sa chambre et son ami Louis Meyer serait, paraît-il, arrivé chez lui peu de temps après pour prendre le manuscrit de l'***Éthique*** qu'il publiera en 1677 grâce à un don anonyme. On remerciera donc ce gentil Louis Meyer qui évitera que l'***Éthique*** finisse dans la poubelle d'un rabbin car, malgré l'aspect austère de l'ouvrage, il s'agit d'une véritable mine d'or qui nous propose, en guise de religion, une philosophie de la joie et du bonheur.

# IL Y A DEUX CHEMINS QUI MÈNENT AU BONHEUR

La philosophie nous enseigne qu'il y a deux manières bien différentes d'atteindre le bonheur. La première consiste à rechercher la sérénité, à souffrir le moins possible en supprimant nos désirs qui nous frustrent et finissent par nous rendre malheureux et insatisfaits. Cette méthode est celle stoïciens, des épicuriens, et même des bouddhistes qui considèrent que nos désirs insatiables sont à l'origine de nos petits malheurs. Ils nous apprennent donc à arrêter de vouloir être milliardaires, à arrêter de chercher la gloire, l'amour parfait et toutes ces choses éphémères qui ne dépendent pas de nous. Le bonheur arrivera donc lorsque ces vilains désirs seront sortis de nos têtes.

Et la deuxième méthode est celle de Spinoza. Pour lui, le bonheur, ce n'est pas d'arrêter de désirer pour ne plus souffrir. Au contraire, il faut désirer encore et toujours plus puisque, de toute façon, on n'a pas vraiment le choix : nous sommes, selon lui, des êtres de désir. En effet, si on s'inscrit à la salle de sport, c'est bien parce que l'on désire avoir un corps en bonne santé ; si on ouvre un livre d'histoire, c'est parce que l'on désire se cultiver et en savoir plus sur telle ou telle période. Ainsi, derrière chacune de nos actions, il y a un désir et si on n'a plus de désir, eh bien on s'éteint, on n'agit plus, on n'a plus de projet, plus de vie. Spinoza apporte donc une nouvelle pensée du désir : il n'est plus perçu comme une souffrance due à un manque ; il devient notre puissance, celle qui nous fait passer à l'action pour accomplir ce qui nous rend heureux.

> *« Le désir est l'essence même de l'homme, c'est-à-dire l'effort par lequel l'homme s'efforce de persévérer dans son être. » — Baruch Spinoza,* Éthique, *IV, 18 (1677).*

Malheureusement, je vous mentirais si je vous disais qu'il suffit d'avoir plein de désirs pour être heureux. La vérité, c'est qu'il vous reste un peu de boulot avant d'arriver à la joie suprême promise par Spinoza.

## NOUS SOMMES JOIE ET TRISTESSE

Comme je vous le disais, pour Spinoza, nous sommes des êtres dynamiques, toujours à la recherche de nouveaux désirs pour nous accomplir. Ce dynamisme s'appelle le conatus, c'est-à-dire l'effort qui nous permet d'accroître notre force intérieure. Pour faire simple, il correspond à notre puissance d'agir, qui nous incite à devenir meilleurs. C'est notre conatus qui nous pousse par exemple à aller à la salle de sport ou à manger sainement, autrement dit à désirer ce qui est bon pour moi et à agir en conséquence. Ainsi, tant que l'on agit selon notre conatus, on est dans la joie car les actions que l'on accomplit sont bonnes pour nous et nous rendent plus forts.

Mais voilà, il se trouve que nous ne sommes pas costauds tous les jours. En fonction des évènements extérieurs, nos humeurs changent, nos émotions modifient alors notre puissance d'agir et perturbent notre conatus. Spinoza parle d'affect, et en distingue deux types : d'un côté, il y a la joie, elle exprime une augmentation de notre puissance, elle nous est agréable, tout comme l'amour, l'admiration, l'estime de soi, l'amitié. D'un autre côté, il y a la tristesse qui représente une diminution de notre puissance, tout comme la souffrance, la colère, la haine... Eh oui, c'est tout bête mais plus on est joyeux, plus on se sent fort, plus on est triste, plus on se sent faible.

> *« Nous voyons donc que l'Esprit peut pâtir de bien des changements, et passer à une perfection tantôt plus grande, tantôt moindre, et ce sont ces passions qui nous expliquent les affects de Joie et de Tristesse. Par Joie, j'entendrai donc, dans la suite, une passion par laquelle l'Esprit passe à une plus grande perfection. Et,*

*par Tristesse, une passion par laquelle il passe à une perfection moindre. » — Baruch Spinoza,* Éthique, *III, 11 (1677).*

Imaginez que notre bonheur se trouve tout en haut d'une montagne. Spinoza nous dit que seules les actions qui nous renforcent et nous perfectionnent nous feront gravir cette montagne, car c'est lorsqu'on se dépasse que l'on est dans la joie. En revanche, si nous sommes constamment dans nos passions tristes, nous resterons au pied de la montagne sans jamais parvenir à nous élever puisque la tristesse nous diminue. À présent, vous êtes certainement en train de ruminer vos passions tristes et de chercher un plan démoniaque pour les éliminer à tout jamais. Si c'est le cas, vous vous trompez. Spinoza est très clair là-dessus : il ne faut pas combattre nos affects. Nos affects font partie de nous ; nous sommes à la fois joie et tristesse. On fait des choix parce que l'on ressent telle ou telle émotion, et parfois ça nous rend heureux, parfois ça nous rend tristes.

## MAIS IL Y A DES JOIES QUI FONT SOUFFRIR

Pour Spinoza, la principale cause de notre malheur est que nous sommes esclaves de nos passions. C'est ce qu'il appelle la servitude, c'est-à-dire « l'impuissance humaine à diriger et à réprimer nos affects ». Être dans la servitude, c'est être soumis à ses pulsions, à son imagination, aux éléments extérieurs. Dans ce cas-là, on ne s'appartient plus et on devient passif.

Lorsque nous sommes dans cet état de passivité, cela ne signifie pas que nous n'avons plus de désir. Bien au contraire, nous désirons encore mais nous désirons mal, car nous ignorons le bien-fondé des causes qui nous poussent à agir. Spinoza parle alors de joies passives, c'est-à-dire des joies que l'on se construit sur une idée inadéquate voire erronée : par exemple, vous aimez vos rondeurs mais après plusieurs remarques désagréables sur votre poids, vous vous forcez à faire un régime en pensant qu'avec quelques kilos en moins on vous fichera la paix. Résultat : même avec 15 kilos en moins, les gens continueront à parler et vous serez en colère contre vous de ne pas avoir su défendre vos poignées d'amour.

Deuxième exemple : vous venez de rencontrer quelqu'un qui vous plaît. Forcément, votre cerveau s'active, vous vous faites plein de films sur cette personne : « elle est comme ça, elle doit forcément penser comme moi, c'est sûr, c'est elle que je recherche depuis des années... » Mais après un mois de relation, vous découvrez qu'elle est très loin de ressembler à la personne parfaite que vous aviez imaginée, et vous souffrez. Conclusion : qu'il s'agisse du régime ou de la rencontre précipitée, dans les deux cas, vous vous êtes fait avoir par votre imagination ou par l'opinion des autres.

En écoutant les avis extérieurs, vous vous êtes créé une idée fausse sur les causes de votre régime, tout comme vous vous êtes fait berner par votre imagination en projetant votre idéal amoureux sur une personne inconnue. Et forcément, ces idées erronées conduisent à la tristesse ou se transforment en haine : haine de l'autre et haine de soi pour s'être imposé un régime qui, finalement, vous a poussé à vous renier. C'est un peu comme prendre de la drogue, boire trois bouteilles de vin ou manger cinq paquets de gâteaux : on est satisfait à court terme, alors que l'on se nuit à long terme. Voilà pourquoi ces joies passives sont des fausses joies.

> *« Tous les désirs qui nous déterminent à faire quelque chose peuvent naître aussi bien d'idées adéquates que d'idées inadéquates. Et on ne peut inventer de meilleur remède aux affects qui dépendent de notre pouvoir, que celui qui consiste dans leur vraie connaissance. » — Baruch Spinoza,* Éthique, *V, 4 (1677).*

## ACTION, RÉACTION

Qui dit action, dit motivation. Car avant tout, ne plus être passif, c'est décider d'être actif, de prendre sa vie en main et d'en être acteur plutôt que spectateur. Il faut donc se convertir au bonheur, à la joie car « plus grande est la joie dont nous sommes affectés, plus grande est la perfection à laquelle nous passons », affirme Spinoza. Une fois que l'on s'est converti à la joie, le travail de transformation de soi peut commencer.

Spinoza part du principe que l'ignorance participe à notre malheur. Reprenons les exemples cités plus tôt : croyez-vous vraiment que vous vous seriez mis en couple avec cette personne si vous aviez su qu'elle ne vous correspondait pas ? Croyez-vous vraiment que vous auriez entamé un régime si vous aviez su que quoi que l'on fasse, les critiques pleuvent toujours ? Même chose pour la drogue, l'alcool et le sucre : en auriez-vous autant consommé si vous connaissiez les effets néfastes qu'ils ont sur votre santé ? Spinoza répond que non car, pour lui, notre essence est d'aller vers ce qui est bon et utile pour nous. Et dans l'absolu, il n'a pas tort : personne ne veut être malheureux, personne ne veut souffrir. Pourtant, ignorer, c'est subir et donc souffrir. D'ailleurs, la tristesse est bien le sentiment que l'on éprouve quand on ne comprend pas ce qui nous arrive. On se sent impuissant car on ne trouve aucun moyen d'agir.

> *« Nul ne peut désirer être heureux, bien agir et bien vivre sans désirer en même temps être, agir, et vivre, c'est-à-dire, exister en acte. » — Baruch Spinoza,* Éthique, *IV, 21 (1677).*

D'après Spinoza, pour se libérer de la passivité et de la tristesse, la solution est la connaissance : apprendre à se connaître, à connaître ses affects pour éviter de retomber dans le piège de son imagination et agir en fonction des autres. Car même si les gens qui vous entourent sont bienveillants et pensent vous aider, n'oubliez jamais que l'on est tous différents, que leurs conseils valent certainement pour eux mais ne correspondent pas pour autant à votre nature, à vos valeurs ou à votre sensibilité. Vous verrez alors que celui qui vous a gentiment conseillé de perdre 15 kilos est certainement le plus complexé de vous deux. Passer à l'action, c'est aussi se connaître pour pouvoir dire : « Merci pour ton conseil, mais je sais ce qui est bon pour moi. » La connaissance rend donc actif mais, surtout, elle rend joyeux : rappelez-vous la dernière fois que vous avez réussi à comprendre un truc super compliqué. N'avez-vous pas eu la joyeuse sensation de percer un mystère de la vie ? C'était mon cas quand j'arrivais à résoudre un problème de mathématiques par exemple.

C'est donc lorsqu'on connaît les choses, lorsqu'on les comprend que l'on se surpasse que la joie finit par nous envahir. Voilà pourquoi Spinoza nous dit que grâce à la connaissance nous parviendrons à la vertu, c'est-à-dire une nouvelle attitude, une nouvelle existence d'homme libre qui agit dans le but de se réaliser pleinement. L'homme libre, c'est celui qui sait réorienter ses désirs et qui a appris à désirer uniquement ce qui est bon pour lui. Et l'outil magique de cet homme libre, c'est sa raison. Sa raison l'aide à se libérer de ses passions, non pas en arrêtant de désirer ce qui n'est pas bon pour lui, mais en désirant mieux, car seuls des désirs plus grands nous libèrent de nos petits plaisirs éphémères.

Notre raison est donc notre meilleure alliée pour vivre dans la joie active à laquelle Spinoza tient tant. Contrairement à la joie passive, la joie active est fondée sur une idée vraie, sur une connaissance solide. Le meilleur exemple que je peux vous donner pour illustrer cela, c'est l'amour. On sait que l'amour est vrai quand il s'est construit sur une réelle connaissance de l'autre et pas sur une illusion. Et lorsque l'on est dans le vrai avec la personne qui nous correspond, la joie devient profonde et éternelle : on est joyeux chaque fois que l'on se sent aimé, désiré, chaque fois que notre cœur s'ouvre un peu plus et que l'on grandit... Même les moments les plus anodins sont de véritables bonheurs car on sait qu'ils sont vrais. Alors certes, l'amour peut se terminer, on peut se séparer et changer de chemin mais, quoi qu'il en soit, on aimera cette personne toute sa vie et ces joies passées resteront éternelles parce qu'elles étaient vraies.

## QUE FAIRE LORSQU'UN MALHEUR SURGIT ?

Même s'il est le philosophe de la joie, Spinoza reste extrêmement lucide face aux drames de la vie. Lui-même, rappelez-vous, n'a pas été épargné : il a été banni de sa communauté, on a tenté de l'assassiner, il a perdu sa famille à cause de sa réputation d'athée-libertin et il a dû vivre caché pour éviter de se faire prendre par les autorités religieuses de l'époque. Disons-le : Spinoza connaît le malheur, mais il a choisi la joie.

> *« Il faut énumérer les dangers courants de la vie et les imaginer souvent, ainsi que la manière de les éviter au mieux et d'en venir à bout par la présence d'esprit et la force d'âme. Mais il faut remarquer qu'en ordonnant nos pensées et nos images nous devons toujours prêter attention à ce qu'il y a de bon dans chaque chose, afin qu'ainsi ce soit toujours un affect de Joie qui nous détermine à agir. » — Baruch Spinoza,* Éthique, *V, 10 (1677).*

Comment réagir en cas de malheur ? Spinoza nous dirait de continuer à désirer. Désirer comprendre l'ordre du monde et les évènements qui nous arrivent. Désirer creuser, chercher les causes, désirer le vrai pour avoir l'esprit clair malgré la tristesse. Il ajouterait peut-être : « Vous allez vous sentir faibles, mais n'ayez crainte, vous regagnerez votre force en comprenant les causes de ce qui vous arrive. » Autrement dit, il faut faire un travail d'introspection et se demander : « Pourquoi cette rupture me rend-elle si triste ? Pourquoi est-ce que je me sens anéanti après la perte d'un être cher ? Pourquoi cet échec me ruine-t-il à ce point ? » Alors oui, sa réponse ne peut paraître en rien réconfortante, mais c'est notre seul moyen de ne pas être passif. Gardez en tête que pour Spinoza, comprendre, c'est agir, et comprendre, c'est se libérer petit à petit de sa tristesse. Même si on ne s'en rend pas compte dans l'immédiat parce que l'on souffre, ce travail de compréhension est utile. Il permet de se servir de son expérience passée pour mieux appréhender les malheurs à venir.

Mais le malheur, ça peut aussi être de se réveiller un matin à 50 ans et de se dire : « Cette vie, ce n'est pas la mienne. » On connaît tous une personne d'une grande sensibilité artistique mais qui est devenue banquier pour faire plaisir à ses parents ou par manque d'estime de soi. Dans ce cas-là, ce qui rend malheureux, c'est de réaliser que l'on a volontairement effacé une part de nous et que l'on ignore précisément qui on est. À cette souffrance Spinoza répondrait la même chose : désire te connaître ! C'est le seul moyen qui t'est donné pour comprendre pourquoi tu es devenu banquier malgré toi, le seul moyen pour te libérer de cette tyrannie intérieure et vivre enfin selon ce qui te correspond vraiment. Car finalement, désirer être soi-même, c'est s'assurer d'un bonheur durable, même si ce n'est pas facile tous les jours.

## POURSUIVRE EN TÊTE À TÊTE AVEC SPINOZA

B. Spinoza, ***Éthique*** – Je me dois d'être honnête : tout le monde ne peut pas lire l'***Éthique***. Beaucoup seront découragés par l'aspect austère et scientifique du livre, et le refermeront aussitôt. La lecture est difficile, l'œuvre est élitiste ; mais pour les plus téméraires, le contenu en vaut la peine : Spinoza nous apprend à vivre mieux, à accepter le monde tel qu'il est, et ce toujours dans la joie.

# SOLITUDE

sɔ.li.tyd, nom féminin

1. État de quelqu'un qui est seul momentanément ou habituellement : Profiter d'un instant de solitude pour réfléchir. Aimer la solitude.
   - 1.1 État de quelqu'un qui est psychologiquement seul : Solitude morale.
   - 1.2 Caractère d'un lieu où l'on se sent seul, isolé : La solitude des forêts.

*D'après le Dictionnaire Larousse.*

# MICHEL DE MONTAIGNE

*1533-1592*

# PERDRE L'AUTRE, MAIS SE TROUVER

Montaigne, c'est l'histoire du maire de Bordeaux du XVIe siècle. Et franchement, il n'est pas élu à la meilleure période : les guerres de religion sèment le chaos, les massacres n'en finissent plus, les crises politiques s'enchaînent et l'Europe sombre dans le déclin. Montaigne vit à une époque trouble et il n'a pas d'autre choix que d'y participer publiquement, puisque sa condition de noble l'oblige, lui et sa famille, à assister le roi. Impossible alors de se retirer discrètement dans son château du Périgord.

Avant d'être maire de Bordeaux, Montaigne est d'abord nommé conseiller au parlement à l'âge 21 ans. Il tente de jouer un rôle diplomatique, il fréquente la Cour... Mais les affaires publiques l'ennuient. Et comme il n'a aucune envie de flatter et de courtiser les puissants, sa carrière politique n'atteindra pas des sommets. Son seul réconfort dans tout ça, c'est sa rencontre avec La Boétie (auteur et également conseiller au parlement) qui deviendra son ami le plus cher. Mais je vous le raconterai plus tard.

Côté sentimental, rien d'épanouissant non plus. Coureur de jupons dans sa jeunesse, son père ne tarde pas à le rappeler à ses devoirs : il lui demande de se marier pour assurer la postérité de sa famille. Sans broncher, Montaigne obéit et épouse Françoise de la Chassaigne à l'âge de 33 ans. Comme pour beaucoup de mariages arrangés, il ne sera jamais amoureux de sa femme, mais ils auront tout de même six filles, dont une seule survivra.

Et puis arrivent les années sombres où tout bascule : son ami La Boétie meurt subitement, puis son père, puis ses cinq filles. Montaigne cumule les deuils. À cette triste période s'ajoute le massacre de la Saint-Barthélemy en 1572, dont il est témoin. Difficile de ne pas se morfondre après de tels drames. Le cœur rempli de peine, Montaigne décide alors de fuir les honneurs de la politique. Il se retire des affaires et abandonne son poste de magistrat pour retourner vivre dans son château, tout juste hérité à la mort de son père. Il y mène une vie paisible en compagnie de sa femme et sa fille, et consacre la plupart de son temps à l'écriture et à la méditation. Et surtout, il ne quitte plus sa bibliothèque qui devient son havre de paix. Elle se trouve au dernier étage d'une tour de son château, décorée de fresques, d'inscriptions latines et grecques sur lesquelles ses yeux se promènent. On y lit « Que sais-je ? », « Je m'abstiens »... Un peu comme des pense-bêtes écrits au plafond.

C'est donc dans ce cadre qu'il commence à rédiger ses *Essais* dans lesquels il a voulu peindre l'homme en se peignant lui-même. Loin d'être pédant, Montaigne écrit comme il parle. On raconte qu'il déambulait dans sa bibliothèque en dictant ses réflexions à son secrétaire. « Tout lieu retiré requiert un promenoir. Mes pensées dorment, si je les assis. Mon esprit ne va pas seul, comme si les jambes l'agitent », écrit-il dans ses *Essais* qui seront publiés une première fois 1580 puis en 1588.

Montaigne, c'est donc l'histoire d'un homme public bien entouré, qui s'est décidé à fuir le monde pour se retrouver seul avec lui-même. Seul, pour affronter ses deuils et son chagrin. Et comme il pense avoir tout perdu, il n'a d'autre choix que de se raccrocher à lui-même. Il devient le sujet de ses *Essais*, non pas par prétention mais juste pour s'analyser et comprendre sa douleur. Il ne savait pas encore qu'il était sur le point d'écrire l'œuvre de sa vie.

## « PARCE QUE C'ÉTAIT LUI, PARCE QUE C'ÉTAIT MOI »

Ce que je ne vous ai pas dit, c'est que le vrai drame de Montaigne est la mort de son ami Étienne de La Boétie. Ils se rencontrent autour de 1558. Montaigne avait vaguement entendu parler de La Boétie pour son ***Discours de la servitude volontaire***. Quant à La Boétie, il connaissait Montaigne de réputation. Lors d'une cérémonie, les deux hommes se croisent et c'est le coup de foudre :

> *« Et à notre première rencontre, qui se fit par hasard au milieu d'une foule de gens, lors d'une grande fête dans une ville, nous nous trouvâmes tellement conquis l'un par l'autre, comme si nous nous connaissions déjà, et déjà tellement liés, que plus rien dès lors ne nous fut aussi proche que ne le fut l'un pour l'autre. » — Michel de Montaigne,* Essais, *I, 28 (1580)*

La Boétie devient le frère, l'ami, l'âme sœur, le guide spirituel, et le seul grand amour de Montaigne. Ils se complètent, échangent, partagent. Pour les curieux qui se demandent quelle était la nature de leur relation, je ne pourrais vous éclairer davantage : certains biographes nient leur homosexualité, d'autres la soupçonnent. Mystère. Quoi qu'il en soit, les deux hommes vivent une amitié tellement intense que les mots semblent faibles pour décrire ce qui les unit.

> *« Si on me presse de dire pourquoi je l'aimais, je sens que cela ne se peut exprimer qu'en répondant : « Parce que c'était lui, parce que c'était moi. » — Michel de Montaigne,* Essais, *I, 28 (1580).*

Mais tout s'effondre la nuit du 18 août 1563. Après dix jours d'agonie, La Boétie meurt de la dysenterie. Montaigne est abattu. Dans une lettre poignante adressée à son père, il décrit la mort de son ami et conclut en disant : « Le 18 du mois d'août de l'an 1563, Étienne de la Boétie expire. Il n'est âgé que de 32 ans, 9 mois, 17 jours. » Il raconte aussi l'avoir entendu dire ces mots quelques heures avant de mourir : « Mon frère ! mon frère ! me refusez-vous donc une place ? » Hallucination ou réelle demande ? Que voulait-il dire ? Faire une place ? Mais comment faire une place à un mort ? Comment faire vivre l'absence ? Montaigne sera toute sa vie hanté par ses mots. Lui qui se sent désormais seul au monde se promet d'honorer la demande son ami.

## S'HABITUER À VIVRE SANS L'AUTRE...

> *« Depuis le jour que je le perdis, je ne fais que traîner languissant : et les plaisirs même qui s'offrent à moi, au lieu de me consoler me redoublent le regret de sa perte. » — Michel de Montaigne,* Essais, *I, 28 (1580)*

Malgré sa tristesse infinie, Montaigne tient le coup. D'abord parce qu'il n'a pas le choix. À ce moment-là, il n'a pas encore démissionné : ses fonctions l'obligent donc à garder son sang-froid. Il voyage souvent à Paris pour les affaires, et tente à sa manière d'apaiser les tensions politiques et religieuses de son temps. Il joue son rôle. Et puis comme je vous l'ai annoncé, les malheurs continuent de frapper : un mariage pas heureux, la mort de son père et de ses cinq filles, sans parler des guerres et des massacres. Sa vie « n'est que fumée, ce n'est qu'une nuit obscure et ennuyeuse » (*Essais*, I, 28).

Quelques années plus tard, il quitte définitivement son poste de magistrat pour se concentrer sur l'essentiel : décider de sa propre vie et faire une place à La Boétie. Ou, du moins, lui en attribuer une. Il rassemble les œuvres de son ami et se charge de les publier. Il prend même la liberté de préfacer tous les textes d'Étienne. Est-ce un moyen de s'en octroyer les honneurs ou un témoignage d'affection à son ami ? Qu'importe, à présent La Boétie a une place dans le monde littéraire grâce à Montaigne.

À partir de 1572, Montaigne, isolé dans sa « librairie », commence à écrire. Seul problème : La Boétie est partout dans sa tête. « Il se loge encore chez moi si entier et si vif que je ne le puis croire ni si lourdement enterré, ni si entièrement éloigné de notre commerce », écrit-il à Henri de Mesmes, seigneur de Roissy. Il repense sans cesse à leur amitié trop tôt interrompue. La perte de La Boétie se transforme en plaie béante impossible à refermer. Mais elle devient aussi le moteur de l'écriture pour Montaigne. On parle même des *Essais* comme du « tombeau vide de La Boétie ». Lui qui avait encore tant de choses à dire à son ami finit donc par les écrire. À sa manière, il le célèbre et lui rend hommage. Il développe même une philosophie de l'amitié avec pour modeste exemple la leur. Promesse tenue : Montaigne offre une deuxième place à La Boétie. En lui consacrant un chapitre dans ses *Essais*, il le rend éternel.

## … ET CÉLÉBRER L'AMITIÉ

Pour parler d'amitié, Montaigne puise dans son vécu, dans ses expériences personnelles. Très vite il distingue deux types d'amitié : les « amitiés communes » et la véritable amitié.

> *« Au demeurant, ce que nous appelons ordinairement amis et amitiés, ce ne sont que des accointances et familiarités nouées par quelque occasion ou commodité, par le moyen de laquelle nos âmes s'entretiennent. » — Michel de Montaigne,* Essais, *I, 28 (1580).*

Il affirme que les amitiés communes sont pour la plupart fondées par des circonstances. Autrement dit, telle personne est susceptible de devenir mon ami parce que l'on appartient au même milieu social, que l'on fréquente les mêmes endroits ou que nos centres d'intérêt sont les mêmes. On croit alors naïvement que parce que nous avons quelques points communs l'autre nous ressemble forcément. Et on devient amis parce qu'il nous renvoie l'image de ce que nous croyons être, ou plutôt de ce que nous aimerions être. Une meilleure image de nous-mêmes, mais bien évidemment erronée. Voilà pourquoi Montaigne précise qu'avec de telles amitiés « il faut marcher (...) la bride à la main, avec prudence et précaution » puisque leur base n'est pas solide.

En revanche, la véritable amitié est éternelle. Tout simplement parce qu'elle n'est pas superficielle. Elle ne se contente pas de nous renvoyer une belle image de nous. Elle est plus puissante que cela. Elle nous révèle tels que l'on est, face à l'autre et face à nous-mêmes, comme l'attestent les mots de Montaigne lorsqu'il décrit sa relation avec La Boétie :

> *« Nos âmes ont charrié si uniment ensemble, elles se sont considérées d'une si ardente affection, et de pareille affection découvertes jusques au fin fond des entrailles l'une à l'autre : que non seulement je connaissais la sienne comme la mienne, mais je me fusse certainement plus volontiers fié à lui de moi, qu'à moi. » — Michel de Montaigne,* Essais, *I, 28.*

L'amitié véritable nous dévoile. Et c'est précisément ce qu'il s'est passé entre les deux amis : La Boétie a révélé Montaigne à lui-même. Lorsqu'ils se rencontrent, Montaigne a la petite trentaine. Il n'a encore jamais écrit et n'existe donc pas dans le monde littéraire de l'époque. Mais grâce à de longs échanges, La Boétie fait naître chez Montaigne une passion pour les idées, pour l'écriture et la philosophie. Il lui fait découvrir une part de lui qu'il ignorait. Et puis il est parti subitement. Un peu comme un maître abandonne son élève quand il lui a tout appris. Bien évidemment, pour Montaigne, c'est terrible. Il est encore loin de se rendre compte que son ami lui a fait le plus beau cadeau : il s'est effacé pour lui permettre de prendre son envol. Cadeau funeste, certes, mais qui provoque la renaissance de Montaigne. Une chose est sûre : sans La Boétie nous n'aurions jamais eu les *Essais* entre les mains, et sans Montaigne, les textes de La Boétie n'auraient sans doute pas traversé les siècles.

## ET FINALEMENT SE RÉVÉLER DANS LA SOLITUDE

À force de méditations douloureuses sur l'absence et le deuil, Montaigne a besoin d'une diversion pour ne pas sombrer dans la mélancolie. Avec ses longues années de tristesse, il réalise que le ressassement est un cercle vicieux. Un piège qui se referme sur nous et qui amplifie la douleur au lieu de l'apaiser. Et cette diversion, c'est l'énorme projet qu'il entreprend : s'analyser lui-même.

> *« C'est une humeur mélancolique, et une humeur par conséquent très-ennemie de ma complexion naturelle, produite par le chagrin de la solitude en laquelle il y a quelques années que je m'étais jeté, qui m'a mis premièrement en tête cette rêverie de me mêler d'écrire. Et puis, me trouvant entièrement dépourvu et vide de toute autre matière, je me suis présenté moi-même à moi pour argument et pour sujet. » — Michel de Montaigne,* Essais, *II, 8 (1580).*

Montaigne remet alors toute sa vie en question. Et c'est en ce sens qu'il renaît. Il s'autorise une nouvelle vie. Sa vraie vie, celle qu'il s'est choisie. Une vie de retraite intellectuelle, de création littéraire et de méditation philosophique. Il remplace alors ses conversations avec le monde par des dialogues avec lui-même, ses déplacements professionnels par des promenades dans sa bibliothèque. Il lit et converse avec Platon, Cicéron… Il se cherche de nouveaux amis morts qui pourront l'aider à se révéler à lui-même, comme l'a fait La Boétie. Car l'idée derrière ce changement de vie, c'est d'apprendre à se connaître. Par l'écriture, il veut se faire, se recréer. Il écrira d'ailleurs à la fin de ses Essais : « Je n'ai pas plus fait mon livre que mon livre m'a fait. » (II, 18)

Alors Montaigne part à la conquête de lui-même. Il s'explore, il raconte ses pensées vagabondes, ses petits coups de blues, ses opinions qu'il a longtemps dû taire lorsqu'il jouait un rôle politique. Bref,

Montaigne se livre et on le découvre en même temps qu'il se découvre. On apprend qu'il ne s'habille « que de noir ou de blanc, à l'imitation de son père » (I, 36), qu'il est « chauve et grisonnant » (I, 26), qu'il déteste jouer aux échecs (I, 50), qu'il dort entre huit et neuf heures par nuit et qu'il préfère de loin dormir sans sa femme (III, 13)... Et j'en passe. Pour autant, il ne faut pas voir cette description de lui-même comme la preuve d'un égo et d'un narcissisme surdimensionnés.

Montaigne se peint pour se connaître, car il est persuadé que « chaque homme porte en lui la forme entière de l'humaine condition » (III, 2). Autrement dit, en s'analysant sans concession, Montaigne cherche à dévoiler la nature humaine. Vaste projet qui n'aboutira pas : Montaigne est lucide et voit très vite l'inconstance de l'homme. Lui-même est inconstant dans ses actions et dans ses pensées, il peut affirmer une chose et la contredire deux pages plus loin. Impossible alors d'établir une théorie sur la nature humaine, si ce n'est que notre inconstance et nos contradictions nous rendent ignorants à nous-mêmes.

La particularité de Montaigne est que sa sagesse est fondée sur l'ignorance. Une joyeuse ignorance. Contrairement à d'autres philosophes qui courent après une vérité ou une doctrine, Montaigne affirme qu'il ne sait rien. Mais il affirme cela après avoir cherché à se connaître, après avoir fait son introspection pendant de longues années. Et justement, il nous invite à faire la même chose.

## À LA DÉCOUVERTE DE SON « ARRIÈRE-BOUTIQUE »

Montaigne s'est finalement servi de ses fardeaux pour se construire. Avec le temps, il a su tirer profit de sa solitude. Elle est même devenue la condition nécessaire à son travail d'introspection. Lui qui en souffrait a su faire de sa solitude sa meilleure alliée. Cette solitudelà, c'est celle de la création, de la construction intérieure. Une solitude jouissive et essentielle à la méditation et à la connaissance de soi. Elle nous fait « ramener et retirer notre âme en soi » (I, 39), et nous offre un retour à l'essentiel. C'est cette solitude que Montaigne nous encourage à découvrir car, sans elle, nous ne pourrons jamais nous connaître ni creuser en nous. Il nous incite donc à la rechercher, à savoir se retirer du monde, ne serait-ce que pour notre bien-être personnel.

En revanche, il est inutile de chercher la solitude pour fuir ses ennuis. Montaigne trouve cela absurde, dans la mesure où nos soucis ne disparaissent pas si on ne fait que s'en éloigner. Réglez donc vos problèmes avant de penser à fuir le monde, car si vous ne le faites pas, vos problèmes vous suivront partout. Et ce n'est vraiment pas le but : pour Montaigne, la solitude est synonyme de tranquillité, de recueillement. Elle ne peut être bénéfique que si l'on est débarrassé de nos tracas et si l'on a l'esprit en paix.

> *« C'est la vraie solitude, et qui se peut jouir au milieu des villes, et des cours des Rois, mais elle se jouit plus commodément à part. Or puisque nous entreprenons de vivre seuls, et de nous passer de compagnie, faisons que notre contentement dépende de nous : Déprenons-nous de toutes les liaisons qui nous attachent à autrui : gagnons sur nous, de pouvoir à bon escient vivre seuls et y vivre à notre aise. » — Michel de Montaigne,* Essais, *I, 39. (1580)*

Voilà pourquoi il nous conseille de nous réserver « une arrière-boutique ». C'est-à-dire un lieu caché en nous qui ne serait rien qu'à nous. Une sorte de jardin secret où l'on serait vrai avec nous-mêmes, un lieu où nous ne laissons entrer personne car on se suffirait à nous-mêmes. Montaigne nous invite simplement à prendre conscience que nous avons la capacité de nous tenir compagnie, et que si on cultive notre « arrière-boutique » en apprenant à nous connaître, nous serons alors notre propre meilleur ami. Et finies les amitiés à 1,50 € !

> *« Il faut se réserver une arrière-boutique, toute nôtre, toute franche (= indépendante), en laquelle nous établissons notre vraie liberté et principale retraite et solitude. En cette-ci faut-il prendre notre ordinaire entretien, de nous à nous-mêmes, et si privé, que nulle accointance ou communication étrangère y trouve place : Discourir et y rire, comme sans femme, sans enfants, et sans biens, sans train et sans valets : afin que quand l'occasion adviendra de leur perte, il ne nous soit pas nouveau de nous en passer. Nous avons une âme contournable en soi-même, elle se peut faire compagnie, elle a de quoi assaillir et de quoi défendre, de quoi recevoir, et de quoi donner : ne craignons pas en cette solitude nous croupir d'oisiveté ennuyeuse, « in solis sis tibi turba locis » (= dans la solitude, sois une foule pour toi-même). » — Michel de Montaigne,* Essais, *I, 39 (1580).*

Malheureusement, on a souvent déformé le sens de cette « arrière-boutique » ; et Montaigne a été accusé de tout et n'importe quoi. On lui a souvent reproché d'être égoïste, de ne pas s'impliquer dans son travail ni dans sa vie familiale. On disait même qu'il n'était pas affecté par la mort de ses enfants à cause de cette vilaine phrase : « J'ai perdu deux ou trois enfants en nourrice, non sans regrets, mais sans fâcherie. » Pas très politiquement correct d'oublier qu'il en a perdu cinq. Mais en réalité, Montaigne est juste un homme qui a beaucoup souffert des pertes, des deuils et de la solitude. Finalement, s'il aspirait tant au détachement, c'était surtout pour se protéger de la douleur et ne plus se retrouver meurtri face aux drames de la vie.

## POURSUIVRE EN TÊTE À TÊTE AVEC MONTAIGNE :

M. de Montaigne, *Essais* – Il s'agit de l'œuvre de toute une vie, mais pas seulement. C'est aussi le premier livre de philosophie française, alors rien que pour ça, il vaut le détour. La lecture peut être difficile parfois (le texte est écrit en vieux français), mais je trouve que les éditions récentes ont fait un bon travail de traduction. Montaigne traite de tous les sujets, il m'est donc impossible de vous résumer ses *Essais.* Tout ce que je peux vous dire, c'est que c'est beau, c'est sincère et plein de lucidité sur la vie, l'existence, le monde... Vous verrez aussi que toutes les préoccupations, les peurs, les joies, les inquiétudes, les tourments d'un homme du XVIe siècle sont, à peu de choses près, les mêmes que les nôtres aujourd'hui.

# JEAN-JACQUES ROUSSEAU

*1712-1778*

# VIVRE SEUL AU MILIEU DES AUTRES

Rousseau, c'est l'histoire du philosophe qui a toute sa vie subi l'injustice, mais qui ne s'est pas laissé faire. Tout commence en 1712 : il naît à Genève et est déjà orphelin. Sa mère meurt à la suite de l'accouchement. Rousseau dira que sa naissance fut le premier de ses malheurs. Le deuxième malheur ne tarde pas à venir : son père décide de quitter Genève et l'abandonne sans aucun scrupule. Seul, Rousseau se retrouve donc en pension. Tout se passe plutôt bien, il découvre la campagne genevoise et se passionne pour la nature. Mais voilà, vers l'âge de 10 ans, on l'accuse d'avoir cassé un peigne.

Ça n'a l'air de rien, comme ça, et pourtant cette affaire est rendue très solennelle : ses maîtres organisent même un procès contre le petit Rousseau qui ne cesse de clamer son innocence. Rien n'y fait. Il est déjà coupable aux yeux de tous, sans même pouvoir se défendre... Ce qu'il ne sait pas encore, c'est que cet épisode marque le début d'une longue série d'injustices qui s'abattront sur lui. Toute sa vie, il devra prouver son innocence. Mais soyez patients, on n'en est pas encore là.

Quelques années plus tard, Rousseau décide de quitter Genève. À 16 ans, il réalise que la pension ne lui offrira jamais l'avenir brillant dont il rêve. Il part à pied et, vingt kilomètres plus loin, est recueilli par un curé qui l'envoie à Annecy, chez une certaine Mme de Warens. Cette noble dame, tout juste divorcée, vit dans un joli manoir perdu au milieu de la nature. Elle s'occupe de recueillir de jeunes âmes égarées pour les convertir au catholicisme. C'est une rencontre fondamentale pour Rousseau : elle joue le rôle de mère (il l'appelle d'ailleurs « maman »), elle l'introduit dans le monde, lui apprend les bonnes manières. Rousseau est heureux, il a le statut social qui lui convient, une jolie maison et peut enfin se remettre à étudier la philosophie, le latin, l'histoire, l'astronomie, la musique tout en gambadant dans les bois. En repensant à cette période, il écrit :

> *« Je me levais avec le soleil, et j'étais heureux ; je me promenais, et j'étais heureux ; je voyais maman, et j'étais heureux ; je la quittais, et j'étais heureux ; je parcourais les bois, les coteaux, j'errais dans les vallons, je lisais, j'étais oisif, je travaillais au jardin, je cueillais les fruits, j'aidais au ménage, et le bonheur me suivait partout : il n'était dans aucune chose assignable, il était tout en moi-même, il ne pouvait me quitter un seul instant. »* (Confessions, *Livre VI)*

Mais ce que je ne vous ai pas dit, c'est que sa « maman » joue aussi le rôle d'amante. Elle l'initie à la sexualité et compte bien faire de lui un homme. Rousseau en est malheureux et parle d'inceste. Son bonheur n'a finalement pas duré : Mme de Warens le remplace très vite par un autre jeune homme, et Rousseau est contraint de quitter son petit paradis. Deuxième injustice.

Malgré tout, il ne se laisse pas démolir. Rousseau est ambitieux, il veut réussir. Il rejoint donc Paris à pied, persuadé que la capitale a de grands projets pour lui. Passionné de musique, il invente à 25 ans une nouvelle notation musicale qui ne lui apporte ni argent ni succès. Tant pis. Pour s'occuper, il fréquente les salons parisiens où il rencontre Diderot et participera plus tard à l'écriture de son *Encyclopédie*. Et en 1743, la chance lui sourit : il est nommé secrétaire de l'ambassade de France à Venise. Rousseau y découvre alors la politique et ses combines.

À 31 ans, il pense enfin devenir quelqu'un, mais non. Un an plus tard, il se fait virer ; l'ambassadeur ne le trouve pas assez serviable. Troisième injustice. Il rentre à Paris, s'isole et compose un opéra. À sa grande surprise, son opéra est un succès, il est même joué devant le roi. Et comme le roi aime, il propose à Rousseau de lui accorder une pension. Il aurait pu choisir la richesse et la gloire, mais, en vrai philosophe, Rousseau refuse, préférant de loin son indépendance et sa liberté. Lucide sur la société corrompue de son époque, il s'éloigne alors volontairement du monde pour écrire, sans imaginer un instant qu'il sera condamné à la solitude et à l'errance pour le restant de ses jours.

## S'ISOLER POUR COMPRENDRE LE MONDE

Cloîtré dans sa petite maison sans chauffage à trente kilomètres de Paris, il réfléchit sur le monde. Sa première interrogation concerne sans grande surprise l'injustice, et plus particulièrement l'inégalité. Il se demande quelle est la source des inégalités entre les hommes. Par « inégalités » Rousseau entend inégalités politiques et sociales. Autrement dit : pourquoi certains sont-ils extrêmement riches tandis que d'autres vivent dans la misère ? Pourquoi certains ont-ils des privilèges que d'autres n'ont pas ? Pourquoi les lois prétendent-elles protéger les plus faibles alors qu'elles sont davantage au service des plus forts ? Tout cela, Rousseau l'a vu et côtoyé de près à la Cour et dans sa courte expérience politique à Venise. Si ces questions l'intriguent autant, c'est parce qu'il est persuadé qu'une société inégalitaire est la cause de toutes les guerres, de la haine, du vice et de méchanceté entre les hommes. Alors comment en est-on arrivé là ?

Pour essayer de comprendre, Rousseau remonte le temps jusqu'à ce qu'on appelle « l'état de nature ». L'état de nature, c'est une hypothèse de pensée qui consiste à imaginer l'homme avant qu'il se sociabilise. D'après le philosophe anglais Hobbes, l'état de nature est un état de violence, d'agressivité où règne la loi du plus fort. Il pense que c'est cette violence qui justifie l'autorité politique : si les hommes ont accepté de se regrouper, de se civiliser et de se soumettre à un pouvoir politique, c'est juste pour garantir leur sécurité. L'État évite donc que les hommes s'entre-tuent comme des sauvages. Mais sur ce point, Rousseau est en total désaccord. Il est convaincu que la violence et l'agressivité viennent plutôt de l'homme civilisé et de la société.

Contrairement à Hobbes, Rousseau se représente l'homme à l'état de nature comme un homme bon, solitaire, heureux, qui vit dans la simplicité et se contente de satisfaire ses besoins biologiques. À cela, Rousseau ajoute que l'homme de l'état de nature ignore la distinction entre le bien et le mal, mais il n'en a pas besoin. En dépit de cette lacune apparente, il est en fait bien plus inoffensif que l'homme éduqué par une société injuste. Et puis petit à petit, l'homme de l'état de nature se perfectionne (agriculture, chasse), il se sociabilise lentement, il fonde une famille, le travail devient nécessaire, puis la politique pour éviter les conflits entre familles. Voilà comment Rousseau perçoit le début de la vie en société. L'homme devient civilisé dès lors qu'il s'arrache à la propriété de la nature. Et c'est après que les choses se gâtent.

> *« Le premier qui, ayant enclos un terrain, s'avisa de dire : « Ceci est à moi », et trouva des gens assez simples pour le croire, fut le vrai fondateur de la société civile. Que de crimes, de guerres, de meurtres, que de misères et d'horreurs n'eût point épargnés au genre humain celui qui, arrachant les pieux ou comblant le fossé, eût crié à ses semblables : « Gardez-vous d'écouter cet imposteur ; vous êtes perdus, si vous oubliez que les fruits sont à tous et que la terre n'est à personne. » — Jean-Jacques Rousseau,* Discours sur l'origine et les fondements de l'inégalité parmi les hommes *(1754).*

Selon Rousseau, l'apparition de la propriété est un point crucial, et surtout le début des ennuis : l'homme qui menait auparavant une vie simple et tranquille dans la nature vit désormais dans un état d'inquiétude et de rivalité. Tout cela parce qu'un homme un peu plus fort que les autres et un brin trop prétentieux a un jour décidé de dire : « Ceci est à moi. » Et que tous l'ont cru. C'est à ce moment-là que la société s'est créée. Adieu la vie de sauvage seul dans la jungle, maintenant l'homme civilisé veut une villa aux Caraïbes et même des domestiques ! De là découlent les inégalités : les classes sociales, les conflits entre les riches et les pauvres, l'esclavage... La propriété est donc la source des inégalités. Alors pour pacifier tout cela, les riches auraient donc proposé un contrat politique qui garantirait aux pauvres leur liberté et limiterait les inégalités : l'État. Mais pour Rousseau, il s'agit juste du début de la domination et de la servitude.

> *« Quand les héritages se furent accrus en nombre et en étendue au point de couvrir le sol entier et de se toucher tous, les uns ne purent plus s'agrandir qu'aux dépens des autres, et les surnuméraires que la faiblesse ou l'indolence avaient empêchés d'en acquérir à leur tour, devenus pauvres sans avoir rien perdu, parce que, tout changeant autour d'eux, eux seuls n'avaient point changé, furent obligés de recevoir ou de ravir leur subsistance de la main des riches, et de là commencèrent à naître, selon les divers caractères des uns et des autres, la domination et la servitude, ou la violence et les rapines. » — Jean-Jacques Rousseau,* Discours sur l'origine et les fondements de l'inégalité parmi les hommes *(1754).*

Chers propriétaires, rassurez-vous : Rousseau n'est pas votre ennemi. Il n'est pas contre l'idée de la propriété privée. Il montre juste le malheur et l'injustice qu'elle crée. Ce qu'il dénonce, c'est plutôt la perversion de la nature humaine qui cherche toujours à avoir plus, à accroître sa possession et cela, au détriment des autres. La critique de Rousseau est donc morale, pas politique.

## L'HOMME EST DEVENU VICIEUX

Pour Rousseau, c'est sûr, c'est la société qui nous a rendus vicieux, égoïstes et mauvais. Quand l'homme primitif vivait seul dans les bois, il n'avait pas de désirs, il vivait simplement sans nuire à quiconque.

Mais avec la société et l'invention de la propriété, les hommes ont commencé à désirer, et, avec leurs désirs, la haine est apparue. Désormais, les deux passions qui animent les hommes sont le désir de conquête illimité et l'orgueil.

Pour illustrer cela, Rousseau parle d'« amour de soi » et d'« amour-propre ». L'amour de soi, c'est le sentiment qui vise à la conservation de son être. Par exemple, quand l'homme de l'état de nature n'obéit qu'à ses besoins (manger, boire, dormir), il ne cherche que sa propre conservation. En revanche, l'amour-propre est le sentiment complètement artificiel de l'homme civilisé qui recherche en permanence l'amour et la considération des autres. Pour y parvenir, il tente de captiver tous ceux qui l'entourent en leur prouvant son excellence : il vante ses qualités, son intelligence, sa richesse, son mérite, sa gloire... Tout ça dans le but de se sentir aimé et supérieur aux autres. L'amour-propre, c'est ce vilain jeu des inégalités : en mettant en avant tout ce que l'on a et tout ce que l'on est en plus, on se hisse forcément au-dessus des autres.

> *« Il ne faut pas confondre l'amour-propre et l'amour de soi-même, deux passions très différentes par leur nature et par leurs effets. L'amour de soi-même est un sentiment naturel qui porte tout animal à veiller à sa propre conservation, et qui, dirigé dans l'homme par la raison et modifié par la pitié, produit l'humanité et la vertu. L'amour-propre n'est qu'un sentiment relatif, factice, et né dans la société, qui porte chaque individu à faire plus de cas de soi que de tout autre, qui inspire aux hommes tous les maux qu'ils se font mutuellement, et qui est la véritable source de l'honneur. » — Jean-Jacques Rousseau,* Discours sur l'origine et les fondements de l'inégalité parmi les hommes *(1754).*

L'amour-propre est donc à l'origine de la méchanceté de l'homme. Penser que tout ce que j'ai de plus que les autres représente ce que je vaux, c'est pour Rousseau la preuve d'une société malade et corrompue. On plonge alors dans la cupidité et dans la course à la possession. On cherche à avoir toujours plus et mieux que son voisin, on cultive une image de nous qui en impose, et on devient incapable de penser à autre chose qu'à soi-même... C'est parce que tous les hommes sont comme cela que les rapports entre eux se dégradent et que les conflits grandissent : les plus faibles sont dévorés par la jalousie et les plus forts vivent dans l'angoisse permanente de perdre ce qu'ils ont. Ainsi, la société qui devait éduquer et rassembler les hommes n'a fait que les diviser. Certes l'homme ne vit plus au milieu des bois, mais il vit à présent entouré d'ennemis et de potentiels concurrents : plus sa propriété s'étend, plus l'homme est forcé de s'isoler et de se méfier de ceux qui l'entourent. C'est cette société-là que Rousseau vomit.

## « SEUL AU MILIEU D'EUX »

Même si la société a fait de nous des êtres pervertis par le vice et l'appât du gain, Rousseau est persuadé que l'homme peut malgré tout devenir meilleur. Et ce qui peut le sauver, c'est l'éducation. Alors après avoir écrit son ***Discours sur l'inégalité*** en 1754, puis son ***Contrat social*** en 1762, il publie la même année un traité d'éducation : l'***Émile***. Il y affirme la nécessité de réapprendre à éduquer les enfants, puisqu'une bonne éducation conservera la bonté naturelle de l'homme.

Mais voilà, l'œuvre ne plait pas à l'Église, elle est jugée subversive et finit brûlée à Paris dès sa publication en 1762. Même chose à Genève, la terre natale de Rousseau. Le drame aurait pu s'arrêter là, mais il se trouve que Voltaire, en désaccord depuis toujours avec sa pensée, a la bonne idée de dévoiler en 1764 le secret de Rousseau le plus intime :

> *« Il a exposé ses enfants à la porte d'un hôpital, en rejetant les soins qu'une personne charitable voulait avoir d'eux, et en abjurant tous les sentiments de la nature comme il dépouille ceux de l'honneur et de la religion. » — Voltaire,* Sentiment des citoyens *(1764).*

Oui, entre 1747 et 1752, Rousseau a eu cinq enfants avec sa compagne Marie-Thérèse. Craignant de ne pas subvenir à leurs besoins ni d'être en mesure de leur offrir une bonne éducation, Rousseau les abandonne aux Enfants-Trouvés, l'assistance publique de l'époque. « Nourrir, moi, mes enfants et leur mère, du sang des misérables ! Non, madame, il vaut mieux qu'ils soient orphelins que d'avoir pour père un fripon », écrit-il à Madame de Francueil. Pour autant, il ne l'a pas fait de gaieté de cœur, les remords l'ont longtemps poursuivi : « Si ma misère et mes maux m'ôtent le pouvoir de remplir un soin si cher, c'est un malheur dont il faut me plaindre, et non un crime à me reprocher. » Pour sa maigre défense, je tiens quand même à préciser qu'il est loin d'être le seul à abandonner ses enfants. À cette période, environ 5000 enfants sont déposés tous les ans aux Enfants-Trouvés.

Mais qu'importe, Rousseau, qui avait jusque-là du succès et un large lectorat, finit totalement discrédité. Eh oui, comment peut-on écrire un traité sur l'éducation et abandonner ses propres enfants ? Rousseau devient un imposteur, un traître. Une fois de plus confronté à l'injustice et la trahison de ses semblables, il est obligé de fuir sous peine d'être arrêté. Il pense trouver refuge en Angleterre, chez son ami le philosophe Hume, mais il se rend vite compte qu'on l'accueille avec le sourire pour mieux l'anéantir. Rousseau est traqué, on lui vole même ses affaires. On le dénigre pour détruire ses œuvres. Il est persuadé que ses anciens amis complotent contre lui, alors il fuit. À moitié malade et dépressif, il souffre de ces trahisons et de son exil forcé. Toutefois, Rousseau est déterminé : cette fois-ci, il ne se laissera pas faire. Il commence alors à écrire ses *Confessions*, dans lesquelles il se met à nu. Il a besoin de tout dire pour rétablir la vérité à son sujet, et espère enfin être compris. En 1770, face à un vaste auditoire, Rousseau lit ses *Confessions* pendant plus de neuf heures. Mais rien n'y fait, les réactions sont brutales, la vérité de Rousseau dérange. Il doit s'exiler à nouveau.

*« J'ai dit la vérité. Si quelqu'un sait des choses contraires à ce que je viens d'exposer, fussent-elles mille fois prouvées, il sait des mensonges et des impostures, et s'il refuse de les approfondir et de les éclaircir avec moi tandis que je suis en vie il n'aime ni la justice ni la vérité. Pour moi je le déclare hautement et sans crainte : quiconque, même sans avoir lu mes écrits, examinera par ses propres yeux mon naturel, mon caractère, mes mœurs, mes penchants, mes plaisirs, mes habitudes, et pourra me croire un malhonnête homme, est lui-même un homme à étouffer. » — Jean-Jacques Rousseau,* Confessions, *Livre XII (publication posthume en 1782)*

## LA SOLITUDE ET LA NATURE COMME REMÈDE

*« Me voici donc seul sur la terre, n'ayant plus de frère, d'ami, de société, de prochain que moi-même. » — Jean-Jacques Rousseau,* Rêveries du promeneur solitaire *(publication posthume en 1782).*

Vous voyez l'image de l'homme de l'état de nature dont je vous parlais il y a quelques pages ? À peu de choses près, c'est comme ça que finit Rousseau. Il revient à ses origines d'homme primitif, et laisse tomber tout ce qui le raccroche à la société civile. Car cette société qui a perverti les hommes est de toute évidence la cause de ses malheurs. Rappelez-vous : avant, l'homme était vertueux, il n'avait de haine pour personne parce qu'il ne connaissait même pas ce sentiment ! L'homme était donc bon et heureux, mais la société l'a rendu misérable, rongé par la haine et la compétition avec les autres. Alors quand Rousseau a compris tout cela, son exil subi s'est vite transformé en exil volontaire.

*« Pour ne pas les haïr il a bien fallu les fuir (...) je suis devenu solitaire, ou comme ils disent, insociable et misanthrope, parce que la plus sauvage solitude me paraît préférable à la société des méchants, qui ne se nourrit que de trahisons et de haine. » — Jean-*

*Jacques Rousseau,* Rêveries du promeneur solitaire, *Septième promenade (publication posthume en 1782).*

Pour autant, même s'il est affecté par la tragédie de sa situation, Rousseau ne veut pas « laisser germer dans son cœur aucun levain de vengeance ou de haine ». Ce serait devenir comme eux et prouver que lui aussi a été perverti par la société. Ce serait mettre en avant son amour-propre. Or Rousseau a préféré l'inverse : il a choisi de cultiver son amour de soi et d'assurer sa propre conservation, et ça commence par être heureux. « Je ne saurais les punir plus cruellement que d'être heureux malgré eux », écrit-il avec ironie, au sujet de ses détracteurs. Alors comment faire pour être heureux quand vous êtes seul dans les bois et que tous les hommes sont contre vous ?

Rousseau vous dirait certainement de vous retrancher dans un coin qui vous plaît, de vous trouver une passion, et de prendre soin de vous. C'est précisément ce qu'il a fait. Il a choisi la nature, les bois. Il y fait de longues randonnées qui lui redonnent petit à petit goût à la vie. La nature devient son refuge. Au moins, elle, elle ne lui veut aucun mal. Il se passionne à nouveau pour la botanique, il collecte les plantes, les fait sécher et en fait des classeurs. La nature offre à Rousseau des occupations simples qui comblent le vide de ses journées.

Mais ce n'est pas tout. Rousseau cherche le bonheur et il le trouve dans la méditation et dans la contemplation de la nature. Ça peut vous sembler niais et dérisoire, mais c'est bien tout ce qui lui reste. Lui qui a, toute sa vie, souffert de ne pas pouvoir être lui-même devant les autres, finit par se déployer pleinement dans sa solitude. « Je ne suis à moi que quand je suis seul, hors de là je suis le jouet de tous ceux qui m'entourent », écrit-il dans ses *Rêveries*. Alors, pour ne plus être le jouet de ses adversaires, il médite seul dans les bois. Il laisse son esprit s'évader de cette réalité déplaisante, il rêve.

La méditation devient sa consolation et la contemplation, sa thérapie. Face à l'immensité de la nature, Rousseau est subjugué et finit par ne plus penser à ses malheurs. Un peu comme quand on se retrouve devant un paysage sublime et qu'on réalise que l'on n'est rien. On finit par s'oublier, on ne pense plus à son petit nombril, notre cerveau arrête de tourner et on profite enfin de l'instant présent. Et dans ces précieux moments de plénitude, plus rien ne nous atteint. D'ailleurs, Rousseau un peu taquin sur les bords, défie désormais « les hommes de le rendre malheureux ». Voilà, maintenant vous savez quoi faire si jamais un jour l'humanité entière se ligue contre vous.

Il faudra attendre 1789 et sa Révolution pour que l'image de Rousseau soit réhabilitée. Ses œuvres sont enfin reconnues, son ***Contrat Social*** devient un texte fondateur de la République française et ses traités sur l'éducation retrouvent leurs lettres de noblesse. Les bustes à l'effigie de Rousseau fleurissent un peu partout, ses adorateurs font des pèlerinages sur sa tombe, des cérémonies glorieuses lui sont consacrées et ses cendres font même leur entrée au Panthéon. Il aura fallu du temps avant que Rousseau devienne officiellement un grand nom de la nation française, mais il y est arrivé. Comme quoi, la patience paye toujours.

> *« La terre offre à l'homme dans l'harmonie des trois règnes un spectacle plein de vie, d'intérêt et de charmes, le seul spectacle au monde dont ses yeux ne se lassent jamais. Plus un contemplateur a l'âme sensible plus il se livre aux extases qu'excite en lui cet accord. Une rêverie douce et profonde s'empare alors de ses sens, et il se perd avec une délicieuse ivresse dans l'immensité de ce beau système. Alors dans tous les objets particuliers, lui échappent ; il ne voit rien et ne sent rien que dans le tout (...) Je pris goût à cette récréation des yeux, qui dans l'infortune repose, amuse, distrait l'esprit et suspend le sentiment des peines. » — Jean-Jacques Rousseau,* Rêveries du promeneur solitaire, *Septième Promenade, (publication posthume en 1782).*

## POURSUIVRE EN TÊTE À TÊTE AVEC ROUSSEAU :

J-J. Rousseau, ***Rêveries du promeneur solitaire*** – Dix promenades dans la nature avec Rousseau. C'est le livre d'un homme qui a souffert de sa solitude, de son exclusion et qui décide, peu de temps avant de mourir, de tout dire pour être en paix avec lui-même. C'est poétique, philosophique et même un peu émouvant.

# ARTHUR SCHOPENHAUER

*1788-1860*

# SEUL ET MAL ACCOMPAGNÉ

Wagner disait de Schopenhauer qu'il ressemblait à un chat sauvage. Rien d'étonnant si vous vous rappelez que le philosophe menait une vie de solitaire et admirait les ermites bouddhistes pour leur ascétisme. Totalement retiré de la société mondaine à laquelle il aurait pu appartenir, Schopenhauer a fait le choix de vivre seul, sans femme ni enfant dans les pattes, d'errer seul dans les rues (ou avec son caniche Atma), de dîner seul, de dormir seul et de mourir seul. Et s'il a renoncé à toute vie mondaine, c'est d'abord par lucidité : Schopenhauer est un fin observateur des rapports humains. Alors, après avoir découvert ce qui pousse les hommes à se regrouper, il a conclu qu'il valait mieux vivre en chat sauvage puisque, pour lui, solitude est synonyme de liberté tandis que vivre en société revient à se renier.

## AU COMMENCEMENT, IL Y A L'ENNUI

Si on demandait à Schopenhauer de faire un classement des fardeaux de l'existence humaine, l'ennui arriverait en deuxième position (après la souffrance). Dans son pessimisme absolu, il considère que la vie de l'homme oscille en permanence entre souffrance et ennui. Et si la vie est si ennuyeuse, c'est parce qu'elle se répète sans cesse : on reproduit les mêmes schémas, les mêmes erreurs, les mêmes histoires, les mêmes rencontres, les mêmes actes. Que ce soit en amour, au travail, en amitié ou dans notre quotidien, nous vivons toujours dans cette impression de déjà-vu, de vieille rengaine qui se rejoue perpétuellement : nos journées au bureau se ressemblent, nos soirées entre amis, nos repas de familles, nos vacances, nos discussions, nos relations amoureuses... Tout ce que nous vivons semble être la copie d'une copie de ce que nous avons déjà vécu. Pour l'anecdote, Schopenhauer considère que sa lecture matinale du journal n'a aucun intérêt puisque rien ne diffère de ce qu'il a lu la veille (sauf, peut-être, la météo).

L'ennui, c'est donc ce temps de notre vie qui s'écoule difficilement, que l'on subit, que l'on endure, à se demander si la vie a encore quelque chose de nouveau à nous offrir. Alors pour ne pas sombrer davantage et ne plus s'ennuyer de sa misérable existence, l'homme a besoin d'un artifice de renouveau qui effacera cette impression de routine. Nous trouvons ce semblant de nouveauté dans le divertissement, c'est-à-dire dans n'importe quelle occupation (utile ou non) qui nous permet de ne plus ressentir le lourd poids de l'ennui et de la solitude sur nos épaules. Et, bien souvent, notre divertissement préféré consiste à rechercher de la compagnie.

> *« Il l'ennui a sa représentation dans la vie sociale : le dimanche. » — Arthur Schopenhauer,* Le Monde comme volonté et comme représentation *(1819)*

Vous l'aurez compris, ce sont notre peur de l'ennui et notre angoisse de la solitude qui nous poussent à nous sociabiliser. Mais Schopenhauer ne s'arrête pas là : pour lui, les bals et autres fêtes mondaines où tout le monde se retrouve, ainsi que les jeux de cartes et même les cigares, ont été créés pour nous occuper, pour ne plus nous retrouver en tête à tête avec notre solitude que nous avons tant de mal à supporter. Autrement dit : tous ces artifices nous aident à fuir l'ennui.

## RÉSULTAT : NOUS DEVENONS DES PORCS-ÉPICS

L'histoire se déroule lors d'une froide journée d'hiver. Schopenhauer imagine qu'un troupeau de porcs-épics décide de se regrouper pour créer de la chaleur et se prémunir contre la gelée. Mais aussitôt rassemblés, chaque petit porc-épic se trouve heurté par les piquants de son voisin. La douleur devient insupportable et les oblige à s'éloigner les uns des autres et à supporter le froid chacun de son côté. Mais rien n'y fait, le froid est de plus en plus glacial et les porcs-épics n'ont d'autre choix que de se regrouper à nouveau pour tenter de se réchauffer. Et là encore, le bilan est le même : les piquants sont trop douloureux. Courageux, ils essayent de combattre la douleur en se concentrant uniquement sur la chaleur qu'ils créent, mais impossible ; ils finissent une fois de plus par s'écarter du groupe. À chaque nouvelle tentative, même constat et même échec : les porcs-épics souffrent à la fois du froid et de la douleur des piquants...

Ils auraient pu mourir de froid ou embrochés les uns aux autres, mais une lueur d'intelligence les a sauvés : ils ont fini par trouver la distance parfaite qui leur a permis de se réchauffer sans s'écorcher davantage. Laissons le mot de la fin à Schopenhauer qui conclut son histoire en écrivant :

> *« Ainsi, le besoin de société, né du vide et de la monotonie de leur propre intérieur, pousse les hommes les uns vers les autres : mais leurs nombreuses qualités repoussantes et leurs insupportables défauts les dispersent de nouveau. La distance moyenne qu'ils finissent par découvrir et à laquelle la vie en commun devient possible, c'est la politesse et les belles manières. » — Arthur Schopenhauer,* Aphorismes sur la sagesse dans la vie *(1851)*

Voilà comment Schopenhauer perçoit les relations humaines : c'est parce que nous ne savons pas apprivoiser le froid de notre solitude que nous préférons nous regrouper quitte à souffrir des piquants de notre entourage. Et l'analyse va bien au-delà : Schopenhauer réfute la thèse d'Aristote selon laquelle l'homme est comme un « animal social » qui a besoin de la société pour s'accomplir, devenir vertueux et vivre heureux.

Pour lui, c'est tout l'inverse. Ce n'est pas par bonheur ou par volonté de devenir bons que les hommes se rassemblent, mais seulement pour combler leur vide intérieur, leur peur de la solitude, et satisfaire leurs besoins égoïstes (comme des porcs-épics qui veulent se réchauffer). Mais malheureusement, cette sociabilité, cette proximité avec les autres ne se fait pas sans douleur : elle nous expose aux piquants, autrement dit à la méchanceté, la jalousie, la malveillance. Se sociabiliser, c'est donc prendre le risque d'être victime de la bassesse de ceux qui nous entourent.

## SE PROTÉGER DES PIQUANTS, C'EST SE TRAVESTIR

> *« Dans de pareilles réunions, on doit, avec une pénible abnégation de soi-même, abandonner les trois quarts de sa personnalité pour s'assimiler aux autres. Il est vrai qu'en retour on gagne ces autres ; mais plus on a de valeur propre, plus on verra qu'ici le gain ne couvre pas la perte et que le marché aboutit à notre détriment, car les gens sont d'ordinaire insolvables, c'est-à-dire qu'ils n'ont rien dans leur commerce qui puisse nous indemniser de l'ennui, des fatigues et des désagréments qu'ils procurent ni du sacrifice de soi-même qu'ils imposent : d'où il résulte que presque toute société est de telle qualité que celui qui la troque contre la solitude fait un bon marché. » — Arthur Schopenhauer,* Aphorismes sur la sagesse dans la vie *(1851)*

Ainsi, pour avoir une vie sociale douce et paisible, il est donc nécessaire de sacrifier une partie de ce que nous sommes en fonction de la personne qui est en face de nous. Il faut s'adapter en permanence, trouver la juste distance pour se ménager les uns les autres. Et selon Schopenhauer, ce qui évite aux hommes de s'entre-tuer à coups de piquants, c'est ce que l'on appelle la politesse et les bonnes manières. Elles permettent de maintenir un semblant de courtoisie en société et empêchent que le monde tourne au carnage.

Néanmoins, Schopenhauer reste encore très pessimiste là-dessus. Pour lui, politesse rime avec mensonge et hypocrisie, car elle exige que l'on travestisse sa véritable personnalité pour la rendre agréable aux autres. Et il n'a pas foncièrement tort. Réfléchissez, et vous verrez que par diplomatie vous avez mis plusieurs fois de côté votre personnalité, vos convictions, vos valeurs, juste pour paraître bon face à un ami, un collègue, votre patron ou la personne avec qui vous partagez votre vie. Mais pour Schopenhauer, le coût de cette vie et les sacrifices à faire sont trop élevés compte tenu de ce qu'ils nous rapportent. Alors, pourquoi s'infliger un tel supplice ?

> *« On ne peut être vraiment soi qu'aussi longtemps qu'on est seul ; qui n'aime donc pas la solitude n'aime pas la liberté, car on n'est libre qu'étant seul. » — Arthur Schopenhauer,* Aphorismes sur la sagesse dans la vie *(1851)*

## PRENDRE CONSCIENCE DE LA FUMISTERIE

> *« Ce qui d'autre part rend encore les hommes sociables, c'est qu'ils sont incapables de supporter la solitude et de se supporter eux-mêmes quand ils sont seuls. C'est leur vide intérieur et leur fatigue d'eux-mêmes qui les poussent à chercher la société... » — Arthur Schopenhauer,* Aphorismes sur la sagesse dans la vie *(1851)*

On sait tous que l'amitié, l'amour, la famille nous obligent à faire des compromis, à mettre nos envies et notre liberté de côté pour faire plaisir à ceux qu'on aime. On a conscience de la mesquinerie de certains de nos amis qui nous appellent uniquement par intérêt. On sait tout cela, et on le fait nous aussi. Pourtant, même en ayant tout cela à l'esprit, on continue de fréquenter des gens qui nous blessent, qui nous piquent gratuitement... Et la vraie explication derrière tout cela, c'est que nous préférons être mal entourés que nous retrouver seuls à gérer notre ennui et notre vide intérieur. Réfléchissez : combien d'invitations avez-vous acceptées alors qu'elles ne vous tentaient pas, par peur de vous retrouver seul un samedi soir ? Combien de soirées minables avez-vous passées avec des gens mesquins et ennuyeux, à vous dire que c'est quand même mieux qu'être seul à la maison ? Combien de fois êtes-vous parti en colère ou blessé par une remarque gratuite d'un de vos proches ?

Si vous avez des tonnes d'exemples, rien de grave. Ils prouvent que vous avez été porc-épic, et que vous avez voulu vous réchauffer aux autres. Si vous en souffrez, c'est parce que leurs piquants vous ont heurté, parce que la distance avec vos proches n'était pas la bonne. Peut-être que vous n'avez pas imposé vos limites, ou qu'ils les ont franchies en toute impunité. Quoi qu'il en soit, c'est le prix à payer pour avoir la maigre sensation d'être moins seuls, moins vides. Car c'est finalement ce que l'on cherche en s'entourant : remplir notre vide intérieur. Certains de nos proches le font bien, ils sont bienveillants, et nos échanges avec eux sont réellement enrichissants ; alors que d'autres nous plongent avec eux dans leur bassesse, nous causent tracas, ennuis, soucis, parce que chaque phrase qui sort de leur bouche est un venin à l'image de leur vice et de leur méchanceté. Mais c'est le jeu. Parfois les autres nous « remplissent » bien, et parfois on se dit que l'on aurait mieux fait de rester seul devant la télé.

On pourra toujours penser que Schopenhauer est un misanthrope ou un insociable perturbé par ses angoisses. En réalité, c'est juste un homme qui cultive un amour inconditionnel pour sa liberté, mais qui a fini par se retrouver prisonnier de sa propre lucidité. En effet, comment faire marche arrière après avoir compris la fumisterie qui se cache derrière cette volonté qu'ont les hommes de se rassembler ? Difficile de voir d'un bon œil les rapports humains lorsque l'on sait qu'ils sont intéressés, qu'ils nous obligent à nous renier et à porter un masque pour pouvoir nous intégrer en société, qu'ils peuvent être violents et d'une bassesse répugnante.

## L'INTELLIGENCE CONDAMNE À LA SOLITUDE

C'est donc à toute cette mascarade que Schopenhauer a radicalement renoncé. D'abord, pour se protéger des effets néfastes de la société, puis pour préserver sa liberté, sa tranquillité d'âme (selon lui, le bien le plus précieux dont nous disposons après la santé) et sa sérénité d'esprit. Or, ce n'est pas tout : ce renoncement est aussi pour Schopenhauer la preuve de son intelligence. Il écrit : « La supériorité de l'intelligence conduit à l'insociabilité. » Je sais, cette phrase est politiquement très incorrecte aujourd'hui, et peut vous donner l'image d'un Schopenhauer particulièrement détestable et affreusement prétentieux.

Mais si on creuse un peu, là encore, il n'a pas totalement tort. Prenez l'exemple des génies, des grands scientifiques, des intellectuels, et voyez comme ils sont source d'irritations et de railleries. Ça commence même dès l'enfance. Regardez comme les premiers de la classe sont rejetés, moqués et victimes de la méchanceté de leurs camarades ; c'est bien la preuve que l'intelligence énerve et isole. Ainsi, les intellectuels, qui ont analysé et décodé le monde, sont pour la plupart condamnés à vivre seuls. Étant incompris, souvent par manque d'intelligence et de tolérance de leurs semblables, ils ne sont pas en adéquation avec la société et le monde qui les entourent.

Outre l'exclusion qu'elle impose, j'ajouterais que l'intelligence est aussi cause de souffrances : elle nous transforme en hypersensibles. Elle développe en nous des capteurs qui décuplent nos sensations et nos émotions, ce qui rend bien évidemment les attaques extérieures plus difficiles à gérer. Puisque l'on s'émeut plus facilement, on est d'autant plus touché par la mesquinerie des gens, et si on ne sait pas s'en protéger, on devient alors leur proie idéale. D'ailleurs, ma théorie personnelle, c'est que Schopenhauer n'était pas assez armé pour se défendre contre l'agressivité des piquants. Il en souffrait et a refusé de se transformer en porc-épic ; alors au lieu d'être constamment malheureux en société, il a choisi de tirer sa révérence.

> *« La solitude offre à l'homme intellectuellement haut placé un double avantage : le premier, d'être avec soi-même, et le second de n'être pas avec les autres. On appréciera hautement ce dernier si l'on réfléchit à tout ce que le commerce du monde apporte avec soi de contraintes, de peines et même de dangers. « Tout notre mal vient de ne pouvoir être seuls » a dit La Bruyère. La sociabilité appartient aux penchants dangereux et pernicieux, car elle nous met en contact avec des êtres qui en grande majorité sont moralement mauvais et intellectuellement bornés ou détraqués. L'homme insociable est celui qui n'a pas besoin de tous ces gens-là. Avoir suffisamment en soi pour pouvoir se passer de société est déjà un grand bonheur, par là même que presque tous nos maux dérivent de la société, et que la tranquillité d'esprit qui, après la santé, forme l'élément le plus essentiel de notre bonheur, y est mise en péril et ne peut exister sans de longs moments de solitude. Les philosophes cyniques renoncèrent aux biens de toute espèce pour jouir du bonheur que donne le calme intellectuel : renoncer à la société en vue d'arriver au même résultat, c'est choisir le moyen le plus sage. » — Arthur Schopenhauer,* Aphorismes sur la sagesse dans la vie *(1851)*

## ET SI ON APPRENAIT À S'AUTOSUFFIRE ?

À l'image des philosophes, des moines bouddhistes, des ermites, Schopenhauer nous conseille d'apprendre à nous autosuffire pour ne plus être constamment dépendant de la présence des autres. En effet, si on apprenait à être bien seul, à devenir notre meilleur ami ; plus personne ne serait obligé de subir les affres de la vie sociale, et les relations humaines seraient peut-être moins médiocres, et moins intéressées.

Alors, pour transformer ce vide intérieur en richesses inépuisables, Schopenhauer nous suggère de vivre en « homme intellectuel » et non plus en « homme normal ». Pour lui, l'homme normal est celui qui fuit sa vie, qui use ses journées à passer le temps, à satisfaire ses désirs pour combler son ennui, mais qui finit toujours par souffrir de sa propre insatisfaction, car il n'en a jamais assez : son but ultime est d'accroître sa richesse extérieure.

En revanche, l'homme intellectuel a choisi de se concentrer sur sa richesse intérieure, il cherche à se cultiver, à apprendre davantage pour s'améliorer. Il se contente de peu et n'est plus prisonnier de ses désirs, de même qu'il ne s'ennuie jamais et ne craint pas la solitude. Et surtout, il a compris une chose : son bonheur ne dépend que de lui, il n'a besoin de personne car il a la capacité de se suffire à lui-même.

> *« La vie intellectuelle sera l'occupation principale de l'homme supérieur ; augmentant sans cesse son trésor de jugement et de connaissance, elle gagne ainsi constamment en cohésion et en intensité, et acquiert une utilité et une perfection de plus en plus prononcées, comme une œuvre d'art en voie de formation. » — Arthur Schopenhauer,* Aphorismes sur la sagesse dans la vie *(1851)*

## POURSUIVRE EN TÊTE À TÊTE AVEC SCHOPENHAUER :

A. Schopenhauer, *Aphorismes sur la sagesse dans la vie* – Je confesse : c'est un de mes livres préférés. Accessible à tous, extrêmement bien écrit, poignant... La clairvoyance de Schopenhauer bouleverse et fait grandir. À avoir impérativement dans sa bibliothèque ou sur sa table de chevet.

# HENRY DAVID THOREAU

*1817-1862*

# ENFIN SEUL, ENFIN LIBRE

Thoreau, c'est l'histoire d'un philosophe américain qui aurait voulu être un Indien. Malheureusement pour lui, l'Amérique du XIXe siècle est plutôt envahie de cow-boys. C'est le début du capitalisme industriel, le commerce est roi, l'argent et le travail accaparent les esprits. Les paysages se transforment, la nature est saccagée : il faut des routes, des chemins de fer et de grandes maisons pour ces cow-boys. La mode des tipis est dépassée. Thoreau est vraiment né à la mauvaise époque. Alors il va tenter de se fondre dans la masse, tenter de vivre avec son temps. En 1837, modeste boursier, Thoreau a 20 ans, il termine ses études à Harvard.

La tradition veut que les étudiants lisent un discours à leur remise de diplôme. Thoreau s'y attèle et lit son texte au long titre évocateur : *L'esprit commercial des temps modernes et son influence sur le caractère politique, moral et littéraire d'une nation.* Ambiance. Il rentre ensuite à Concord, son village natal tant chéri, à quelques kilomètres de Boston. Il devient instituteur et enseigne quelques années avant de démissionner parce qu'il refuse d'appliquer les châtiments corporels à ses élèves. Décidément, pas facile d'être un cow-boy. Pas facile non plus de trouver sa place. Thoreau vivra alors de petits emplois : il aidera son père, fabricant de crayons, et travaillera de temps en temps pour les fermiers du village. Si une chose est sûre, c'est que Thoreau ne court ni après le travail ni après l'argent. Lui, ce qu'il veut, c'est avoir le temps de lire, d'écrire et de faire ses promenades d'au moins quatre heures par jour dans les bois. Un vrai Indien. Ou juste un homme amoureux de la nature.

Car c'est bien là le problème. Pour Thoreau, la civilisation moderne nous a éloignés de l'essentiel : la nature. On ne respecte plus la terre, on ne connaît plus les animaux, on ne sait plus cultiver nos propres fruits et légumes... D'autres le font pour nous, et c'est très bien, pensent les cow-boys. Il est loin le temps où les hommes vivaient en osmose avec la nature, pense Thoreau. Mais ce n'est pas tout. En plus de ne plus respecter la terre, on ne respecte pas les hommes : à son époque, l'esclavage est toujours en vigueur.

Ce monde moderne est donc une barbarie qui lui donne à la fois l'envie de combattre et de fuir. Et c'est ce qui arriva. À 28 ans, Thoreau quitte son village pour vivre dans les bois de Concord, au bord du lac Walden.

Son ami le philosophe Emerson met à sa disposition un bout de terrain. Thoreau y construit une cabane de pin, à quelques kilomètres de sa maison familiale. Il y vivra deux ans, deux mois et deux jours. Son quotidien ? Une baignade matinale dans le lac en toute saison, la lecture, l'écriture, la marche, la méditation. Et la solitude. La solitude qui redonne un sens au quotidien. La solitude qui permet de se défaire d'une société qui impose à chacun une vie qu'il n'a pas choisie. Cette solitude qui a permis à Thoreau de retrouver sa place dans le monde, en tant que minuscule être humain vivant dans l'infiniment grand de la nature.

Il a choisi l'humilité de l'Indien plutôt que la suprématie du cowboy. Liberté, simplicité et osmose avec la nature, c'est ce qu'il aimait tant chez les Indiens. C'est aussi la raison pour laquelle il les a longtemps étudiés et s'en est inspiré. Toute son expérience, il la raconte dans ce fabuleux livre ***Walden ou la vie dans les bois*** (1854). Lecture qui, j'en suis sûre, soulagerait ceux qui souffrent d'autophobie (peur de la solitude). Car au-delà d'une vie d'aventurier, d'Indien ou de misanthrope ; la vie de Thoreau rimait avant tout avec liberté. « Ce que je voudrais dire à mes semblables, une fois pour toutes, c'est de vivre aussi longtemps que possible libres et sans chaînes », écrit-il dans ***Walden***.

Alors quand la tuberculose l'emporte, à 44 ans, Thoreau est serein : « Je vais quitter le monde sans regrets », confesse-t-il à un ami. Il a mené la vie qu'il voulait. Celle d'un philosophe qui pense sa vie, et qui vit sa pensée aussi bien accompagné au village que seul dans les bois.

## SEUL, MAIS PAS CONTRE TOUS

Il y a deux sortes de solitude : la solitude que l'on choisit et celle que l'on subit. Thoreau, lui, l'a choisie. Pour autant, ça ne fait pas de lui ni un rebelle-égoïste-misanthrope. Non. Sortons du cliché du sauvage crasseux qui mange de l'herbe et qui effraie les hommes. Thoreau est un solitaire, mais il n'est pas renfermé sur lui. Il quitte sa cabane plusieurs fois par semaine pour se rendre au village, bavarder avec quelques intellectuels et saluer les fermiers. Il rend également visite à sa famille, ne serait-ce que pour manger les bons petits plats cuisinés par sa mère. Et il reçoit des voyageurs, des pèlerins pour la plupart, venant eux aussi chercher la tranquillité des bois. On est bien loin de l'ermite misanthrope.

> *« Je crois que tout autant que la plupart j'aime la société, et suis assez disposé à m'attacher comme une sangsue momentanément à n'importe quel homme plein de sang qui se présente à moi. Je ne suis pas un ermite de nature, et serais fort capable de sortir après le plus résolu client du bar, si c'était là que m'appelle mon affaire. » — Henry David Thoreau,* Walden ou la vie dans les bois, *(1854).*

Même si Thoreau s'éloigne du monde, il ne s'en détache pas pour autant.

« J'avais dans ma maison trois chaises : une pour la solitude, deux pour l'amitié, trois pour la société », ajoute-t-il. Il ne pense pas qu'à son nombril. Même dans les bois, il reste concerné par la vie du village et la politique menée. Et là-dessus, il n'hésite pas à prendre position. En 1846, il fait un bref séjour en prison parce qu'il refuse de payer ses impôts. Hors de question de financer un État qui tolère l'esclavage et qui fait la guerre au Mexique, pense Thoreau. Mais l'agent de recouvrement des impôts lui demande quand même de payer ses six années de retard. Thoreau s'y oppose ; il est arrêté alors qu'il se rendait chez son cordonnier. Il passera une nuit en prison et sera libéré le lendemain, grâce à sa tante qui aurait réglé sa dette. Vous vous doutez bien que cet évènement n'a pas laissé Thoreau totalement indifférent.

Il rumine. En 1849, il s'insurge contre le gouvernement et écrit ***La Désobéissance civile***. Il critique et dénonce violemment les magouilles de l'État. Il éveille les consciences et invite ses concitoyens à ne plus obéir aux lois qui leur paraissent injustes. Un vrai appel à la révolution. Car pour Thoreau, les hommes devraient pouvoir choisir d'être complices ou non d'un État crapuleux et d'une politique malhonnête.

> *« Tous les hommes reconnaissent le droit à la révolution, c'est-à-dire le droit de refuser toute allégeance au gouvernement et de lui résister lorsque sa tyrannie et son incapacité sont notoires et intolérables. ... Je crois qu'il n'est pas trop tôt pour les honnêtes gens de se rebeller et d'opérer une révolution. Ce devoir est d'autant plus le impérieux que le pays envahi n'est pas le nôtre, mais que l'armée coupable d'agression est la nôtre. » — Henry David Thoreau,* La Désobéissance civile, *(1849).*

Mais voilà, Thoreau reste lucide. Malgré les conférences qu'il donne pour alarmer ses auditeurs sur l'esclavage et la guerre du Mexique, il se rend bien compte que la politique a aussi corrompu les hommes : « Lorsque je m'entretiens avec les plus libres de mes voisins, je m'aperçois que, quoi qu'ils disent de l'importance et la gravité de la question, et leur souci de la tranquillité publique, le fin fond de l'affaire est qu'ils ne peuvent se passer de la protection du gouvernement existant, et qu'ils redoutent les effets de leur désobéissance sur leurs biens et leur famille. » Autrement dit : on a beau avoir conscience d'être dirigés par des pourris, on a beau avoir envie de se rebeller, on ne fera rien car la stabilité de nos affaires et notre tranquillité quotidienne sont quand même plus importantes. À ce rythme-là, le monde n'est pas près de changer.

## LA SOLITUDE POUR SE CHANGER SOI-MÊME

Quand on ne croit plus au changement collectif, on se retrouve bien seul avec ses idées à défendre et ses combats à mener. On s'éloigne alors du monde, et on se recentre sur soi. C'est la vie que Thoreau a menée. En tant que philosophe individualiste, il privilégie sa vie à lui, ses valeurs, ses pensées par rapport à ce que la société exige de lui. Mais attention : ici, individualisme n'est pas synonyme d'égoïsme.

L'individualisme que prône Thoreau ne conduit pas à l'indifférence d'un destin collectif, mais à la liberté individuelle et l'autonomie morale. Pour faire simple, il s'agit de revendiquer son indépendance vis-à-vis de la société. On devient alors libre d'agir, de penser, et on s'extirpe de toute pression sociale, religieuse, familiale ou politique. Je pense cela parce que c'est moi qui le pense, ce n'est pas la société, ni ma mère ni n'importe quel livre sacré qui me l'a dicté. L'homme se crée alors ses propres lois, ses propres valeurs et vit sa vie en adéquation avec ses propres principes. Une vie d'Indien, ou de philosophe. Et ça, pour Thoreau, c'est super important. Mais là encore, il constate bien qu'il y a un décalage entre la pensée et l'action. Car pour être philosophe, il ne suffit pas de bien penser, mais d'agir et de vivre en accord avec ses pensées.

> *« Il y a de nos jours des professeurs de philosophie, mais pas de philosophes. Encore est-il admirable de professer pour quoi il fut jadis admirable de vivre. Être philosophe ne consiste pas à simplement à avoir de subtiles pensées, ni même à fonder une école, mais à chérir assez la sagesse pour mener une vie conforme à ses préceptes, une vie de simplicité, d'indépendance, de magnanimité, et*

> *de confiance. » — Henry David Thoreau,* Walden ou la vie dans les bois *(1854).*

Thoreau arrive alors à une conclusion : la société ne changera pas tant que les hommes ne se seront pas changés eux-mêmes. Idée qui a d'ailleurs beaucoup inspiré Gandhi ou Martin Luther King qui, comme Thoreau, croyaient au pouvoir d'une résistance non violente. Et sur ce point-là, Thoreau va plus loin : pour lui, la politique n'a aucun intérêt justement parce qu'elle est violente. Elle impose des normes, des lois, des conduites à adopter pour rentrer dans le moule. Elle diminue les hommes, restreint leur liberté et les transforme par la contrainte en prétendant construire une société plus saine. Foutaises, pense-t-il. Le changement doit venir de l'intérieur, pas de l'extérieur.

> *« Ne pouvons-nous pas quelque temps nous passer de la société de nos compères en ces circonstances, avoir nos propres pensées pour nous tenir compagnie ? » — Henry David Thoreau,* Walden ou la vie dans les bois, *(1854).*

Alors Thoreau va faire l'expérience de sa vie : vivre seul dans les bois, en résistance à cette société trop contraignante qui nous détourne de l'essentiel. Thoreau cherche à renouer avec sa vraie nature. Il est persuadé que pour se retrouver, il faut d'abord de se perdre ; il s'est perdu dans son village parmi les siens, mais se retrouve dans les bois avec les animaux. Pour autant, la solitude n'est pas une fin en soi. Thoreau ne veut pas finir en vieil ermite aigri. C'est d'ailleurs la raison pour laquelle il n'a vécu que deux ans dans sa cabane. Deux ans pour se retrouver lui-même et mener une vie en harmonie avec ses pensées et son amour pour la nature. Deux ans nécessaires à sa construction personnelle. La solitude n'est alors qu'un détour, une étape à franchir pour se retrouver soi-même.

## QUAND L'HOMME DES VILLES RENCONTRE L'HOMME DES BOIS

> *« Quand j'écrivis les pages suivantes, ou plutôt en écrivis le principal, je vivais seul, dans les bois, à un mille de tout voisinage, en une maison que j'avais bâtie moi-même, au bord de l'Étang de Walden, à Concord, Massachusetts, et ne devais ma vie qu'au travail de mes mains. J'habitai là deux ans et deux mois. À présent, me voici pour une fois encore de passage dans le monde civilisé. » — Henry David Thoreau,* Walden ou la vie dans les bois, *(1854).*

Quand Thoreau croise des gens du village, on lui dit souvent : « J'aurais pensé que vous vous sentiriez seul là-bas, et seriez pris du besoin de vous rapprocher des gens, surtout les jours et nuits de pluie et de neige. » Décidément, l'homme des villes a du mal avec la solitude. Pourtant, Thoreau n'est pas plus seul qu'un fermier qui travaille toute la journée seul dans son champ, ou qu'un étudiant qui ne lève pas le nez de ses livres. La seule différence, c'est que Thoreau, lui, n'a pas besoin de se « récompenser de sa journée de solitude » en allant voir des gens le soir. Il écrit : « Je trouve salutaire d'être seul la plus grande partie du temps. Être en compagnie, fût-ce avec la meilleure, est vite fastidieux et dissipant. J'aime à être seul. Je n'ai jamais trouvé de compagnon aussi compagnon que la solitude. Nous sommes en général plus isolés lorsque nous sortons pour nous mêler aux hommes que lorsque nous restons au fond de nos appartements. »

Le rapport à la solitude n'est pas la seule chose qui distingue l'homme des villes et l'homme des bois. Thoreau en fait la liste. L'homme qui vit dans la société court après l'argent, après le pouvoir, la réputation, les mondanités, le luxe, la mode... Même sans le vouloir, c'est comme ça, la société l'a perverti. Thoreau a de quoi nous rappeler Rousseau.

Alors, il invite ses lecteurs à vivre comme l'homme des bois. Celui-ci refuse les fausses valeurs, il se moque de la modernité, de l'argent et cherche plutôt la simplicité, la vérité, le sublime au contact de la nature. Mais ne peut-on pas vivre en société tout en refusant ces fausses valeurs ?

Certainement oui, mais, pour Thoreau, la société est le lieu de la tentation, le lieu de l'illusion de la liberté. Bien sûr que l'on peut penser différemment en vivant en ville, mais il n'empêche que l'homme reste soumis à des règles : politesse, bonne conduite et bonnes manières... Et selon lui, ces règles sociales ne font que restreindre notre liberté. C'est pour cela qu'il a choisi la vie dans les bois. La nature est le lieu de la liberté par excellence, le lieu où l'on ne se travestit pas, le lieu où sautent tous nos verrous intérieurs. Eh oui, quand on marche seul dans les bois, on n'a plus besoin d'être bien habillé, d'être poli, d'écouter les conversations inintéressantes de gens inintéressants. Finie cette mascarade. On peut enfin être soi-même et se concentrer sur l'essentiel. Et pour Thoreau, l'essentiel, c'est la liberté. La liberté d'être autonome, de ne dépendre de rien ni de personne, la liberté de choisir sa vie.

## « CE QU'IL ME FALLAIT, C'ÉTAIT VIVRE ABONDAMMENT »

> *« Je gagnai les bois parce que je voulais vivre suivant mûre réflexion, n'affronter que les actes essentiels de la vie, et voir si je ne pourrais apprendre ce qu'elle avait à enseigner, non pas, quand je viendrais à mourir, découvrir que je n'avais pas vécu. » — Henry David Thoreau,* Walden ou la vie dans les bois, *(1854).*

S'il y a une chose que Thoreau déteste, c'est bien la mesquinerie. Alors l'idée d'une vie mesquine le rebute plus que tout. Bien décidé à ne pas mener « une vie de tranquille désespoir », Thoreau empoigne sa vie, déterminé à en explorer toutes les facettes. Il fait de sa vie son terrain de jeu : il construit sa cabane, grimpe aux arbres pour voir les fleurs des pins, pêche, cultive son jardin, parle à ses haricots et essaye même d'apprivoiser les marmottes.

Il lit, écrit sur toutes les espèces de plantes et d'animaux qu'il observe (ses travaux seront d'ailleurs étudiés par des botanistes), il passe son temps à gambader dans les champs, à se baigner dans le lac quitte à se faire dévorer par les moustiques. Il médite et contemple la nature. Et plus il la découvre, plus il s'en rapproche, plus il se rapproche de lui-même. Sa vie est son expérience. L'expérience de la liberté absolue, nécessaire au développement de son être.

> *« Grâce à mon expérience, j'ai appris au moins que si l'on avance hardiment dans la direction de ses rêves, et s'efforce de vivre la vie qu'on s'est imaginée, on sera payé de succès inattendu en temps ordinaire. (...) En proportion de la manière dont on simplifiera sa vie, les lois de l'univers paraîtront moins complexes, et la solitude ne sera pas solitude, ni la pauvreté, pauvreté, ni la faiblesse, faiblesse. » — Henry David Thoreau,* Walden ou la vie dans les bois, *(1854).*

Thoreau vit la vie qu'il s'est imaginée, et nous invite à en faire autant. Mais pour ça, il faut changer deux-trois trucs. « Simplifiez, simplifiez ! » nous crie Thoreau. Lui, il aimait sa ville et la nature, alors il a combiné les deux : vivre dans la nature à quelques kilomètres de sa ville. Pas de fioritures, pas de strass ni de paillettes. Juste une cabane qu'il a construite de ses mains et qui lui a coûté moins de trente dollars de l'époque !

Une maison avec le strict minimum : une table, trois chaises, une cheminée, un lit et quelques livres. Pas besoin de plus pour Thoreau qui considère qu'à vouloir trop posséder, les choses finissent par nous posséder. Et devenir esclave de ce qu'il possède, très peu pour lui. Alors là-dessus, Thoreau en profite pour nous rappeler que simplifier sa vie, c'est simplifier sa maison, sa manière de manger, de s'habiller, sa manière de vivre et son quotidien. Simplifier sa maison commence par se rappeler qu'un toit nous sert avant tout à nous protéger des intempéries. Simplifier son alimentation, c'est cultiver ses légumes et manger des aliments simples.

Pas besoin d'alcool ni de boissons excitantes. Thoreau ne buvait ni thé ni café ; il n'en voyait pas l'utilité. Simplifier sa manière de s'habiller, c'est ne pas oublier qu'un vêtement nous sert avant tout à cacher notre nudité et à nous tenir chaud. Pas besoin d'en avoir cent cinquante. Simplifier ses activités, c'est arrêter de travailler pour vivre. Thoreau voyait le travail comme une perte de temps et une source d'aliénation qui conduit l'homme à consommer tout en cherchant le profit. Plus on a de besoins, plus on dépense, plus on a besoin de travailler, moins on a de temps libre. Pour Thoreau, l'équation est vite faite : il réduit ses dépenses à l'essentiel et se limite à deux mois de travail manuel par an maximum. Il nous invite à « cultiver la pauvreté ». « Vendez vos habits et gardez vos pensées ! », ajoute-t-il. Quant à son temps libre, il ne court plus après les mondanités du village, il oublie les réceptions et les bavardages sans intérêt ; il préfère marcher dans les bois et écouter le bruit des grenouilles pendant des heures.

> *« Aimez votre vie, si pauvre qu'elle soit. Peut-être goûterez-vous des heures aimables, palpitantes, splendides, même en un asile des pauvres. Les fenêtres de l'hospice reflètent le soleil couchant avec autant d'éclat que celles de la demeure du riche. » — Henry David Thoreau,* Walden ou la vie dans les bois, *(1854).*

Mais rassurez-vous, Thoreau n'incite personne à faire comme lui. Il ne persuade pas ses lecteurs d'abandonner leur vie pour s'isoler dans les bois et regarder les fleurs éclore. Non. Il invite plutôt à choisir sa vie même si elle ne correspond pas à ce que les autres attendent de nous. « S'il nous arrive de ne point marcher au pas de nos compagnons, la raison n'en est-elle que nous entendons un tambour différent ? Allons suivant la musique que nous entendons quels qu'en soient la mesure ou l'éloignement », affirme-t-il. Mais surtout, il nous invite à aimer notre vie car même pauvre et réduite au strict minimum, la vie est belle. Et son expérience dans les bois en est la preuve. Vivre heureux et simplement est à la portée de tous.

> *« J'avais dans ma façon de vivre au moins cet avantage sur les gens obligés de chercher leur amusement au-dehors, dans la société et le théâtre, que ma vie elle-même était devenue mon amusement et jamais ne cessa d'être nouvelle. » — Henry David Thoreau,* Walden ou la vie dans les bois, *(1854).*

Si la vie de Thoreau n'a jamais cessé d'être nouvelle, c'est aussi parce qu'il a choisi de vivre plusieurs vies. Après tout, pourquoi se contenter d'une seule vie ? Voilà donc pourquoi, le 6 septembre 1847, il quitte définitivement sa cabane dans les bois : « Je quittai les bois pour un aussi bon motif que j'y étais allé. Peut-être me sembla-t-il que j'avais plusieurs vies à vivre, et ne pouvais plus donner de temps à celle-là », conclut-il.

## POURSUIVRE EN TÊTE À TÊTE AVEC THOREAU :

H.D Thoreau, ***Walden ou la vie dans les bois*** – Si vous voulez suivre le quotidien d'un philosophe qui vivait comme un sauvage, si vous aimez la nature, les animaux, les cabanes dans les bois, si vous voulez réfléchir sur votre mode de vie, sur notre rapport aux autres, sur les vertus de la solitude... ce livre est fait pour vous. Il est facile à lire et détient des passages absolument sublimes. Bref, c'est un livre qui rend heureux.

# AMOUR

a.muʁ, nom masculin

1. Mouvement de dévotion qui porte un être vers une divinité, vers une entité idéalisée ; adhésion à une idée, à un idéal : Amour de Dieu.

2. Intérêt, goût très vif manifesté par quelqu'un pour une catégorie de choses, pour telle source de plaisir ou de satisfaction : Amour des objets d'art. Son amour du jeu le perdra.

3. Affection ou tendresse entre les membres d'une famille : Amour paternel.

4. Inclinaison d'une personne pour une autre, de caractère passionnel et/ou sexuel : Déclaration d'amour.

5. Liaison, aventure amoureuse, sentimentale, galante : Un amour de jeunesse.

6. Personne aimée (surtout dans les apostrophes) : Mon amour.

*D'après le Dictionnaire Larousse.*

# PLATON

*-428 av. J.-C. - -348 av. J.- C.*

# CONDAMNÉ À RETROUVER SA MOITIÉ

Platon, c'est l'histoire d'un Grec qui aurait pu avoir une brillante carrière politique, mais qui a choisi la philosophie. Comme quoi, ça existe. Issu d'un milieu aristocratique, ses ancêtres auraient occupé les plus hautes fonctions de la Cité athénienne et, naturellement, Platon y était aussi destiné. Pour ce faire, il reçoit une éducation digne de son milieu social : il apprend la musique, les mathématiques, la poésie et excelle même en gymnastique. Mais voilà, Platon critique la démocratie athénienne et laisse alors la politique de côté. Puis il rencontre Socrate, rencontre qui va bouleverser sa vie et lui donner goût à la philosophie. Il devient son disciple et reçoit son enseignement pendant quelques années.

Après la mort de Socrate, Platon voyage et cherche par tous les moyens à réconcilier philosophie et politique. Il imagine alors une cité idéale gouvernée par des philosophes et des hommes vertueux. Malheureusement, le rêve de Platon ne s'est jamais réalisé de son vivant. Ni réalisé tout court, d'ailleurs. Mais si le sujet vous intéresse, je vous invite à lire sa ***République***. Pour le reste, Platon a passé sa vie à retranscrire les enseignements de Socrate qui n'a jamais rien écrit, préférant enseigner à l'oral. C'était sa manière de rendre hommage à son maître. Ensuite, il fonde en 387 av. J.-C. une école de philosophie à Athènes : l'Académie. Il y accueille de grands mathématiciens comme Théodore, Théétète et aussi Aristote, qui fondera sa propre école après la mort de Platon : le Lycée.

Voilà, c'est à peu de choses près tout ce que l'on sait sur Platon. Il a beau être aujourd'hui le philosophe star de l'Antiquité grecque, sa biographie a été écrite des centaines d'années après sa mort, les zones d'ombre sont donc nombreuses. En revanche, toutes ses œuvres ont été conservées. Chose plutôt rare pour l'époque. On compte environ une trentaine d'ouvrages, la plupart écrits sous forme de dialogue. C'est, pour Platon, la forme d'écriture idéale pour rendre l'enseignement vivant. Et c'est d'ailleurs le cas dans son célèbre ***Banquet*** dont je vais vous parler. Platon l'écrit autour de 380 av. J.-C. dans le but de répondre à cette grande question : qu'est-ce que l'amour ? Mythologie et philosophie se mélangent alors pour tenter de résoudre l'énigme de la passion amoureuse.

## PAS DE PLATON SANS SOCRATE

Mais avant de parler d'amour, il faut que je vous parle de Socrate sans lequel Platon ne serait pas Platon. Socrate est un personnage un peu étrange, un va-nu-pieds connu pour sa laideur et sa capacité à mettre les gens mal à l'aise en public. Son activité favorite ? La méditation. On raconte qu'il passait des heures immobile en pleine rue, à se recentrer sur lui-même. Un vrai sage. Mais Socrate est aussi un peu taquin : il aime dialoguer avec les gens qu'il rencontre, il les interroge naïvement, prétendant s'instruire auprès d'eux. Et ce qu'il découvre en échangeant avec ces concitoyens, c'est que leurs beaux discours sont bien souvent fondés sur une opinion, une croyance (la doxa) et non sur un véritable savoir. Socrate s'amuse alors à pousser ses interlocuteurs dans leurs retranchements.

Malin et sournois, il les conduit à se contredire jusqu'à ce qu'ils prennent enfin conscience de leur ignorance. Car contrairement à eux, toute la sagesse de Socrate réside dans cette phrase : « Tout ce que je sais, c'est que je ne sais rien. » En se présentant comme ignorant, la ruse de Socrate est donc de révéler aux hommes leur méconnaissance pour les guider vers la connaissance et, plus précisément, à la connaissance de soi-même. On parle alors de maïeutique socratique : Socrate, dont la mère était sage-femme, est persuadé qu'en questionnant les esprits, il peut faire accoucher les hommes de la vérité.

Malheureusement, à l'époque de Platon et de Socrate (et peut-être encore aujourd'hui), la vérité, on s'en moque un peu. Ce qui compte, c'est de bien parler et de prétendre savoir pour paraître respectable aux yeux de la société. Autrement dit, on se complait dans de beaux discours vides de sens. Ces spécialistes de la rhétorique sont appelés les sophistes. Ils se présentent comme des marchands de savoir mais en réalité, ils ne font qu'enseigner (contre une grosse somme d'argent) l'art et la manière d'argumenter, de persuader, sans se soucier de la véracité de leurs propos. Et bien évidemment, Socrate devient leur ennemi numéro un : il dérange avec ses questions et sa volonté de révéler aux hommes la vérité.

C'est comme cela que, petit à petit, Socrate est devenu l'adversaire de la démocratie tout entière. Il est alors traduit en justice pour impiété : on l'accuse de ne pas croire aux dieux de la cité et de corrompre la jeunesse. Il sera condamné à mort en 399 av. J.-C. Mais Socrate ne conteste pas. Pour dire vrai, il refuse même la défense d'un avocat. Il accepte son sort et boit la ciguë, un poison mortel. Il meurt, et ses détracteurs sont contents.

Désormais seul, Platon se doit de redorer l'image de son héros : d'abord, il retranscrit son enseignement, au point qu'il est parfois difficile de distinguer la philosophie du maître et celle de l'élève. Puis il le met en scène dans la plupart de ses dialogues, créant certainement un autre Socrate, différent du Socrate historique. Mais ce qui est sûr, c'est que la mort injuste de Socrate a terriblement marqué Platon. Elle a renforcé sa vocation de philosophe. Pour lui, la condamnation de Socrate est un véritable crime. Il se demande alors comment la cité a pu être à l'origine d'une telle injustice. Pourquoi les faux discours à l'égard de Socrate ont-ils pu être plus convaincants que la vérité ?

En super-héros philosophe, Platon a donc un projet : éduquer les hommes de manière qu'ils connaissent le Vrai, le Bien et la Justice. Le rôle de sa philosophie est donc d'élever et de faire grandir les hommes. Et c'est précisément l'effet que l'amour a sur nous. Tout cela, Platon nous le raconte dans son fameux *Banquet*.

## L'AMOUR EST AU CENTRE DE TOUT

Voici le décor du *Banquet* écrit par Platon : imaginez qu'autour d'une grande table où se trouvent plus de bouteilles de vin que de nourriture, se mélangent une jeunesse dépravée et quelques homosexuels de l'aristocratie athénienne. Ça n'a pas l'air sérieux comme ça, mais le contexte l'est. Tous ces hommes sont invités à fêter la victoire d'Agathon aux Grandes Dionysies. Le jeune poète a remporté un concours de tragédies lors de cette fête religieuse qui célèbre Dionysos (le dieu du vin). Il réunit alors ses amis aux noms difficiles à retenir : Pausanias, Eryximaque, Phèdre, Aristophane et bien évidemment Socrate. Pour une fois, ils décident d'y aller doucement sur la bouteille et préfèrent parler d'amour. De l'amour homosexuel plus précisément, car les femmes étaient à l'époque considérées comme des êtres inférieurs.

Petit point culturel et historique : dans l'Antiquité, l'homosexualité masculine était très répandue et valorisée. L'amour étant au cœur de l'éducation des jeunes aristocrates athéniens, la pédérastie était monnaie courante à l'époque. Elle consiste en un lien très privilégié entre un jeune garçon prépubère (moyenne d'âge : 12-13 ans) et un homme d'âge mûr qui prend en charge l'éducation du jeune homme. Il l'introduit dans le monde, lui apprend à être citoyen et l'initie à la sexualité.

À cette période, on pensait que la transmission du savoir passait par la sexualité. La relation sexuelle des deux amants est alors très codifiée : le jeune homme doit être passif puisqu'il « reçoit l'éducation », il doit se soumettre et montrer son infériorité ; tandis que l'homme mûr, actif, représente la supériorité et la virilité. Ces relations pédérastiques ont longtemps perduré en Grèce, jusqu'à ce que l'Empire romain y mette fin lorsque le christianisme est devenu la religion officielle de l'État. Eh oui, ces pratiques ne collaient pas trop avec les valeurs chrétiennes. Mais c'est pourtant comme cela que l'on formait les élites à l'époque de Platon.

Quand les Grecs parlent d'amour, ils parlent en fait du dieu de l'amour Éros, qui est selon eux à l'origine des sentiments et de la passion amoureuse. Il représente à la fois le désir amoureux et le désir sexuel. Alors pour commencer la soirée, les convives donnent l'un après l'autre leur définition de l'amour. C'est Phèdre qui se lance le premier : pour lui, l'amour est le dieu le plus puissant car il inspire aux hommes le courage et le dévouement. Phèdre imagine alors une armée composée d'amoureux. Elle serait selon lui invincible car l'amour rend vaillant et « mourir pour autrui, c'est en tout cas ce à quoi seuls consentent ceux qui sont amoureux, et pas seulement les hommes, mais aussi les femmes ».

Vient le tour de Pausanias qui distingue deux types d'Éros : un Éros vulgaire qui correspondrait à un simple amour des corps, autrement dit à un pur esclavage sensuel avec des hommes et des femmes ; et un Éros céleste, qui s'attache à l'âme et non au corps. En ce sens, il s'agit d'un amour pur auquel il est noble de céder. Quant à Eryximaque, il considère que l'amour est partout, au centre de toute chose, de tout art, et permet l'harmonie entre les hommes. Pour Aristophane, l'amour est le médecin des hommes, il guérit les blessures grâce au bonheur qu'il procure. Concernant le poète Agathon, il fait un joli discours qui vante toutes les qualités d'Éros, sa beauté, sa puissance, sa bienveillance... Puis arrive le tour de Socrate qui affirme que l'amour est désir, et que le désir est un manque. L'amour est donc un manque :

> *« Quiconque éprouve le désir de quelque chose, désire ce dont il ne dispose pas et ce qui n'est pas présent ; et ce qu'il n'a pas, ce qu'il n'est pas lui-même, ce dont il manque, tel est le genre de choses*

*vers quoi vont son désir et son amour. » — Platon,* Le Banquet, *200e-201a.*

Pour ne pas vous étouffer d'amour, je me contenterai d'évoquer ici deux discours sur les six qui figurent dans ***Le Banquet***: celui d'Aristophane et celui de Socrate. Deux pensées différentes sur l'amour que Platon relate à travers ses personnages.

## L'AMOUR COMMENCE PAR UNE SÉPARATION

Commençons par celui d'Aristophane qui illustre bien ce manque amoureux auquel Socrate fait référence. L'histoire qu'il raconte se passe dans des temps reculés, à une époque où « notre nature n'était pas la même qu'aujourd'hui ». Il n'y avait pas deux catégories d'êtres humains mais trois : l'homme, la femme et l'androgyne qui était un mélange des deux premiers. Physiquement, on ne ressemblait pas à grand-chose : « La forme de chaque être humain était celle d'une boule, avec un dos et des flancs arrondis. »

Les hommes avaient quatre mains, quatre jambes, deux visages formant une seule tête, quatre oreilles et un sexe. Malgré leur drôle de façon de se déplacer, les hommes étaient des êtres parfaits et tout-puissants. Mais voilà, un jour, l'orgueil des hommes les a poussés à se penser plus forts qu'ils ne l'étaient : ils décidèrent d'escalader le ciel pour aller défier les dieux. Et ça, les dieux ne l'ont pas trop apprécié.

Alors, ils se concertèrent pour décider ensemble de la punition qu'ils allaient infliger aux hommes. Allaient-ils les foudroyer comme ils l'avaient fait pour les géants qui, eux aussi, avaient un peu trop pris la confiance ? Non. Car il ne faut pas oublier que ce sont les hommes qui font des offrandes aux dieux, et les dieux aiment beaucoup les offrandes. Impossible alors de les détruire. Et là, Zeus, le chef des dieux, était bien embêté. Après quelque temps de réflexion, il décida : « Il me semble, dit-il, que je tiens un moyen pour que, tout à la fois, les êtres humains continuent d'exister et que, devenus plus faibles, ils mettent un terme à leur conduite déplorable. En effet, dit-il, je vais sur-le-champ les couper chacun en deux ; en même temps qu'ils seront plus faibles, ils nous rapporteront davantage, puisque leur nombre sera plus grand. » Malin, le Zeus. Il coupa alors les hommes en deux, et c'est là que les ennuis commencent pour nous :

> *« Quand donc l'être humain primitif eut été dédoublé par cette coupure, chaque morceau, regrettant sa moitié, tentait de s'unir de nouveau à elle. Et, passant leurs bras autour l'un de l'autre, ils s'enlaçaient mutuellement, parce qu'ils désiraient se confondre en un même être, et ils finissaient par mourir de faim et de l'inaction causée par leur refus de rien faire l'un sans l'autre. » — Platon,* Le Banquet, *191a-191b.*

Zeus a beau être le dieu des dieux, il n'avait pas anticipé qu'à ce rythme-là, l'espèce humaine allait bientôt s'éteindre. Et avec elle, les offrandes ! Zeus, alors pris de pitié pour les hommes (mon œil), décide de déplacer les organes sexuels des hommes sur le devant du corps, parce que dans sa première tentative, il les avait mis dans le dos. Pas très pratique. Ainsi, en changeant de place leur organe sexuel, « il rendit possible un engendrement mutuel ». Et quel était le plan démoniaque de Zeus derrière tout cela ?

> *« Le but de Zeus était le suivant. Si, dans l'accouplement, un homme rencontrait une femme, il y aurait génération et l'espèce se perpétuerait ; en revanche, si un homme tombait sur un homme, les deux êtres trouveraient de toute façon la satiété dans leur rapport, ils se calmeraient, ils se tourneraient vers l'action et ils se préoccuperaient d'autre chose dans l'existence. » — Platon,* Le Banquet, *191c-191d.*

Récapitulons : notre nature s'est constituée sur une séparation. Nous avons été arrachés à notre moitié, et nous en souffrons comme on souffre d'une blessure physique ou psychologique. Tout ce que nous voulons, c'est retrouver notre nature humaine originelle et notre unité avec l'autre, perdues aujourd'hui. Voilà pourquoi Platon écrit que « chacun est en quête de sa moitié complémentaire ».

Par conséquent, si le désir amoureux est si douloureux, c'est parce qu'il provient du manque que nous cherchons à combler coûte que coûte. En ce sens, l'amour est donc le seul remède, le seul médecin capable de nous sauver. Mais en attendant de trouver sa moitié, les dieux ont trouvé la ruse idéale : le sexe. Ils se sont dit que les pauvres hommes que nous sommes auraient forcément besoin de plaisir pour oublier un instant qu'ils ont perdu leur moitié. La sexualité est donc une distraction. Elle nous empêche de penser à notre misérable condition sans l'autre. Elle suspend la douleur du désir amoureux en nous procurant une satisfaction provisoire, le temps d'un rapport. Car c'est précisément dans l'acte sexuel que l'on ne forme qu'un avec son partenaire, et c'est cette fusion qui nous donne l'illusion de retrouver notre unité originelle. Le sexe sans amour, c'est donc ce qui permet aux hommes et aux femmes de ne pas sombrer en attendant qu'ils retrouvent leur moitié.

> *« Chaque fois donc que le hasard met sur le chemin de chacun la partie qui est la moitié de lui-même, tout être humain, et pas seulement celui qui cherche un jeune garçon pour amant, est alors frappé par un extraordinaire sentiment d'affection, d'apparentement et d'amour ; l'un et l'autre refusent, pour ainsi dire, d'être séparés, ne fût-ce que pour un peu de temps. » — Platon,* Le Banquet, *192b-192d.*

## LES MYSTÈRES DE L'AMOUR

Avalanche de questions : comment reconnaît-on notre moitié ? Qu'attendons-nous d'elle ? Mais surtout, comment peut-on souffrir du manque d'un être que l'on n'a pas connu ? Car, après tout, on ne l'a jamais vue, cette moitié qui nous manque tant. Là-dessus, Platon a une théorie : la réminiscence. Il déclare que l'on connaît tout cela grâce à notre âme. En premier lieu, Platon considère que l'âme est immortelle. Ainsi, avant notre naissance, « l'âme a tout vu », affirme-t-il dans le *Ménon*. Elle aurait alors séjourné dans bien des mondes et y aurait appris bien des choses : l'Idée de Justice, de Beauté, d'Amour, de Bien dans leur état le plus pur.

Autrement dit, notre âme aurait contemplé des vérités éternelles. Mais dès lors que l'âme s'est incarnée, c'est-à-dire dès notre naissance, elle oublia tout. Depuis, nous devons alors réapprendre tout ce que nous avons déjà connu dans un monde parallèle, avec l'aide de nos sens et un énorme travail de notre raison. Et un peu de volonté aussi. Mais rassurez-vous, ça revient assez vite. Et avec l'amour, c'est la même chose. D'abord, lorsque l'on trouve notre moitié, la vraie, on la reconnaît généralement alors qu'on ne l'a jamais vue. Vous savez, ce drôle de sentiment que l'on a lorsque l'on croit connaître quelqu'un depuis une éternité alors qu'on l'a tout juste rencontré ? Platon vous dirait que cette personne faisait certainement partie de votre unité originelle, dont vous n'avez pas le souvenir. Ensuite, une fois que l'on est deux, on est heureux, certes, mais on ne sait pas réellement pourquoi et encore moins ce que l'on attend de l'autre :

> *« Et ces hommes qui passent toute leur vie l'un avec l'autre ne sauraient même pas dire ce qu'ils attendent l'un de l'autre. Nul ne saurait croire que ce soit la simple jouissance que procure l'union sexuelle, dans l'idée que c'est là, en fin de compte, le motif du plaisir et du grand empressement que chacun prend à vivre avec l'autre. C'est à l'évidence une autre chose que souhaite l'âme, quelque chose qu'elle est incapable d'exprimer. » — Platon,* Le Banquet, *192c-192e.*

Quel est donc ce truc que l'âme n'arrive pas à exprimer ? C'est simplement cette sensation d'avoir retrouvé sa forme et son unité originelles. Eh oui, personne ne vous dira que s'il cherche l'amour, c'est pour reconstituer sa nature première que Zeus a volontairement brisée ! C'est absurde et impossible car, pour Platon, ce désir n'est pas conscient à l'âme (rappelez-vous, on l'a oublié). Voilà pourquoi il est si difficile à exprimer. Néanmoins, c'est pourtant la sensation que l'on a face à l'être aimé : on se sent de nouveau complet et on souhaite de tout cœur « se fondre avec lui de façon à ne faire qu'un seul être au lieu de deux », écrit Platon. En s'unissant, les amoureux retrouvent alors la perfection et l'invincibilité qui les caractérisaient avant.

## L'AMOUR DU BEAU

Revenons au cœur du banquet, laissons la mythologie de côté et élevons le discours grâce à Socrate. Lui qui avait pourtant l'habitude de ne rien affirmer en prétextant son ignorance sur les choses, change radicalement de ton : il déclare à la foule détenir la vérité sur l'amour. D'où cette vérité lui vient-elle ? De Diotime. C'est elle qui aurait tout appris à Socrate. Oui, vous avez bien lu, la vérité sur l'amour sort de la bouche d'une femme. Merci Platon.

Malheureusement, cette Diotime ne semble pas avoir réellement existé. Du moins, elle n'a laissé aucune trace. Tout ce que l'on sait, c'est qu'il s'agit d'une prêtresse qui a partagé son savoir avec Socrate, et que celui-ci s'apprête à le partager avec tous.

Il affirme que l'objet de l'amour, c'est la beauté. Eh oui, on aime tous ce qui est beau. Aucun homme ne dira qu'il aime sa femme parce qu'elle est moche, aucune femme ne vous dira que ce qui l'a séduit chez son mari, c'est sa laideur. On aime le Beau : les beaux paysages, les beaux vêtements, les beaux tableaux, les belles voitures. Bien évidemment, les critères diffèrent selon les individus.

Contrairement aux Idées de Bien, de Justice dont je vous parlais il y a quelques pages, la beauté est la seule Idée visible. On la perçoit par nos sens. Mais pour Platon, tout ce qui fait partie du monde sensible, autrement dit tout ce que l'on appréhende par nos sens, n'est qu'une apparence, une illusion qui ne dure jamais bien longtemps.

Prenez l'exemple classique de la beauté d'une jeune femme ou d'un jeune homme, laissez le temps faire son travail et vingt ans après, les rides, le gras, les poches sous les yeux auront fait disparaître la fraîcheur de la jeunesse. Au même titre que les belles fleurs finissent toujours par faner, les choses sensibles finissent toujours par s'éteindre. C'est la raison pour laquelle Platon, à travers Socrate, nous invite à rejoindre l'éternité du monde intelligible.

Il s'agit de changer notre mode de perception des choses : c'est-à-dire les percevoir par notre intellect, et non par nos sens. Par exemple, si je vous demande de penser à un triangle, vous penserez à une figure géométrique à trois côtés. Vous penserez donc exactement au même triangle et à la même définition qu'en ont Euclide ou Pythagore plusieurs siècles en arrière. Pourquoi ? Simplement parce qu'il s'agit de vérités intelligibles, que l'on connaît grâce à notre raison. Et ces vérités-là sont éternelles.

> *« Voilà donc quelle est la droite voie qu'il faut suivre dans le domaine de l'amour ou sur laquelle il faut se laisser conduire par un autre : c'est en prenant son point de départ dans les beautés d'ici-bas pour aller vers cette beauté-là, de s'élever toujours, comme au moyen d'échelons, en passant d'un seul beau corps à deux, de deux beaux corps, et des beaux corps aux belles occupations, et des belles occupations vers les belles connaissances qui sont certaines vers cette connaissance qui constitue le terme, celle qui n'est autre que la science du beau lui-même, dans le but finalement de connaître la beauté en soi. » — Platon,* Le Banquet, *211b-211d.*

Selon Platon, il faut donc rejoindre ce vrai monde, le monde intelligible qui nous apportera jouissance et béatitude car nous serons dans le vrai, non dans l'illusion du monde sensible. Et bien sûr, pour parvenir à cette « réalité qui n'est pas soumise au changement, qui ne naît ni ne périt », il y a un peu de boulot. Mais rassurez-vous, l'amour est là pour nous aider, nous élever et même nous éduquer, en plusieurs étapes. D'abord, l'amour va provoquer en nous le désir d'un beau corps. On sera troublé par une belle personne, un beau physique. Puis on aimera tous les beaux corps. Ensuite, l'amour nous fera aimer les belles âmes car on se rendra vite compte que la beauté d'un corps ne suffit pas à nous rendre heureux.

On désirera alors les belles âmes qui évoquent l'intelligence, la sympathie, la compassion, la bienveillance... Autant de qualités qui enrichissent une relation et qui comptent bien plus qu'une simple beauté plastique. Ces belles qualités nous amènent alors à aimer les belles actions, à aimer la justice, les valeurs morales qui elles-mêmes nous conduisent à aimer les belles sciences, à aimer la philosophie, car pour bien agir, il faut avant tout savoir ce qu'est le monde et savoir ce qu'est la justice. Et pour finir cette belle élévation, la dernière étape : on arrive à l'amour de l'Idée de la beauté, à l'amour du Bien et l'amour du Vrai, c'est-à-dire à la plénitude de l'être. C'est à ce moment précis que l'on comprend que « la vie vaut d'être vécue », comme le dit Platon, car l'amour a fait jaillir en nous la vérité et la connaissance qui font de nous des êtres meilleurs.

Alors arrêtons de dire que l'on « tombe » amoureux. C'est faux. On s'élève par l'amour. Et on peut même devenir philosophe.

## POURSUIVRE EN TÊTE À TÊTE AVEC PLATON :

Platon, *Le Banquet* – C'est le premier grand texte de philosophie qui parle d'amour. Il a été écrit il y a plus de vingt siècles mais il est totalement accessible. Alors si vous souhaitez connaître les cinq autres discours sur l'amour que je n'ai pas évoqués ici, lisez-le !

# *ARTHUR SCHOPENHAUER*

*1788-1860*

# SEXE, AMOUR ET DÉSILLUSION

Schopenhauer et l'amour, ça fait deux. Pourtant, ça avait plutôt bien commencé. Avant de devenir le philosophe pessimiste et insociable que l'on connaît, Schopenhauer était un romantique, un vrai. Romantique au point d'écrire des poèmes d'amour enflammés à une actrice dont il était éperdument amoureux, mais qui ne daignera jamais lui répondre. Alors après ce premier échec douloureux, vous vous doutez bien que son romantisme s'est peu à peu estompé. Quelques années plus tard, il rencontre Teresa, une jeune Italienne dont il est fou amoureux, il envisage même de s'installer avec elle. Mais le bonheur est de courte durée : Schopenhauer est affreusement jaloux, il doute de sa relation et des sentiments de Teresa, au point de la faire suivre jour et nuit pour s'assurer qu'elle n'a pas d'amants.

Usée par une telle relation, la jeune femme laissera Schopenhauer seul, avec ses angoisses et sa jalousie tyrannique. Ses autres histoires ne sont guère plus glorieuses : en 1817, il a une brève relation avec une servante allemande, elle tombe enceinte, Schopenhauer est pétrifié, il fuit en Italie et le nouveau-né meurt quelques mois après. En 1821, il fréquente une certaine Caroline Meudon, une prostituée mondaine avec laquelle il aura un enfant en 1822. Mais, fatigué de la légèreté de sa compagne et de ses tromperies, Schopenhauer la quitte quelques années plus tard, et fait le choix de la solitude, préférant une vie intellectuelle épanouie à une vie à deux désastreuse.

Voilà un condensé de la vie amoureuse de notre philosophe. Le mélodrame aurait pu s'arrêter là, mais non : l'appétit sexuel de Schopenhauer ne diminue pas avec l'âge, alors il continue de soulager « sa chienne de sexualité », comme il l'appelle, avec diverses partenaires et entretient des relations furtives d'un ennui effroyable. Mais Schopenhauer connaît aussi de longues périodes sans amantes pendant lesquelles il comble sa solitude en s'interrogeant. Il réfléchit aux rouages des passions amoureuses, et apporte une pensée totalement nouvelle au XIXe siècle sur l'amour et les relations amoureuses, et même sur le sexe. Je vous préviens : après avoir lu ce chapitre, vous ne regarderez plus la personne qui partage votre vie de la même manière.

## AVANT TOUT, L'AMOUR EST UN POINT D'INTERROGATION

On s'est tous surpris à rêver d'amour, à s'imaginer la vie à deux, où le bonheur coule à flot comme les niaiseries des romans de gare. On a tous voulu secrètement reproduire dans la vraie vie les scènes romantiques que jouent les acteurs des films hollywoodiens. C'est un fait, et si vous le niez, arrêtez de faire l'autruche, car même Schopenhauer le grand pessimiste l'admet : l'amour est un besoin omniprésent en chacun de nous. Pour autant, quelques questions taraudent encore l'esprit de Schopenhauer : que sait-on vraiment de l'amour ? Est-ce que l'on sait comment ça marche ? Peut-on expliquer l'amour de manière rationnelle ? Si ces questions vous semblent naïves, gardez en tête qu'au XIXe siècle, les recherches scientifiques sur l'amour et le couple sont inexistantes ; c'est seulement la fin du XXe siècle que la psychologie, la biologie et la neurologie s'y intéressent.

Alors en attendant la science, Schopenhauer part d'un postulat très simple : l'amour, ce truc si beau, si insaisissable dont tout le monde parle, personne ne l'a jamais vraiment compris. Que ce soit en philosophie, en littérature ou dans tous les arts, le sujet est évoqué, mais aucune explication, aucune analyse n'a, à l'époque, véritablement comblé notre philosophe. Certes, les livres nous racontent la passion, le cœur qui bat, les papillons dans le ventre, la tristesse des séparations et la peur de vivre sans l'autre.

Depuis la nuit des temps, on en a écrit des tartines là-dessus, et on continue. Mais pour Schopenhauer, ce ne sont que des témoignages personnels, des descriptions subjectives sans intérêt. En revanche, ce qui semble être totalement universel, c'est la puissance de l'amour. Celle qui renverse les cœurs, chamboule les vies, et qui peut (à l'extrême) nous pousser à mourir pour l'autre. Cette puissance, qui « interrompt à toute heure les occupations les plus sérieuses, jette parfois pour quelque temps le trouble dans les plus grands cerveaux (...) Cette puissance qui dénoue les relations les plus précieuses, rompt les liens les plus solides, sacrifie tantôt la vie et la santé, tantôt la richesse, le rang et le bonheur... » Celle qui « fait même de celui qui est ordinairement honnête un homme sans conscience, de l'homme fidèle jusqu'alors un traître », écrit Schopenhauer. Et c'est cette même puissance qui a parfois guidé vos choix. Faites la liste de tout ce que vous avez fait « par amour », et vous verrez que vous non plus, vous n'avez pas été épargné.

Et c'est justement cela qui trouble Schopenhauer : pourquoi ne savons-nous rien sur les rouages de l'amour, alors qu'il s'agit d'un phénomène si puissant qui n'épargne personne, qui nous transforme et change nos vies pour le meilleur ou pour le pire ? C'est presque absurde. Alors, comme aucun poète, aucun scientifique, aucun philosophe n'a fait l'effort de comprendre et d'expliquer les mécanismes des relations amoureuses, Schopenhauer va creuser et fournir ses propres explications sur cette passion que tout le monde semble vivre sans chercher à comprendre.

> *« On ne peut douter ni de la réalité ni de l'importance de cette passion, et par suite, au lieu de s'étonner qu'un philosophe aussi fasse sien pour une fois ce thème constant de tous les poètes, on devrait plutôt se montrer surpris de ce qu'un objet qui joue généralement un rôle si remarquable dans la vie humaine, n'ait pour ainsi dire jamais été pris en considération par les philosophes, et se présente*

*à nous comme une matière que nul n'a encore traitée. » — Arthur Schopenhauer,* Métaphysique de l'amour *(1844)*

## QUE SE CACHE-T-IL DERRIÈRE L'AMOUR ?

Si vous croyez encore au coup de foudre et aux contes de fées, Schopenhauer va vite vous enlever ces idées de la tête car, pour lui, l'amour est un coup monté, une énorme farce, même. Oubliez les cœurs dans les yeux et les papillons dans le ventre : Schopenhauer détruit gentiment ce mythe et affirme que l'amour est avant tout un instinct sexuel ! Oui, on s'est tous fait avoir. Maintenant, la question est de savoir qui est aux commandes de cette grande illusion.

Souvenez-vous : le grand concept de Schopenhauer, c'est ce qu'il appelle la volonté, le vouloir-vivre. Pour rappel, il s'agit d'une force cachée en nous, qui contrôle nos actes et nos désirs de manière inconsciente. Eh bien Schopenhauer l'affirme : c'est cette volonté toute-puissante qui nous trompe. C'est elle qui est derrière toute cette mascarade parce qu'elle a un plan bien précis : nous pousser à nous reproduire pour assurer la survie de l'espèce humaine. Pour arriver à ses fins, la volonté va nous enivrer, elle va nous séduire avec de belles histoires d'amour, de promesses de plaisirs, d'union, de joies et de bonheurs à venir pour que nous nous attachions à notre partenaire, et enfin que nous passions à l'acte sexuel.

Et même si l'on croit maîtriser nos sentiments ou contrôler notre vie amoureuse, on fait fausse route car la volonté est bien plus forte que nous. Elle nous commande sans même que l'on s'en rende compte. L'illusion est telle que nous perdons toute notre autonomie : par exemple, lorsque nous avons un rapport sexuel, nous croyons céder à nos propres pulsions, à nos propres désirs alors qu'en fait, nous ne faisons qu'obéir aux intérêts de la volonté de l'espèce. La Nature reprend ses droits sur nous. Il en est de même pour les bêtes,

« sans aucun doute celles-ci sont également esclaves d'une certaine illusion, qui leur propose l'image mensongère de leur propre satisfaction, quand elles travaillent pour l'espèce avec tant de zèle et d'oubli de soi ; ainsi l'oiseau construit son nid (...) l'abeille, la guêpe, la fourmi s'adonnent à leurs ingénieuses constructions et à leur économie si raffinée. Une illusion qui couvre du masque d'une intention égoïste. Le service de l'espèce, les dirige assurément tous », affirme Schopenhauer. Nous sommes donc les victimes de cette volonté, et l'amour est sa ruse pour nous amadouer.

> *« Que tel enfant déterminé soit procréé, voilà le but véritable, quoiqu'ignoré des intéressés, de tout roman d'amour, la façon et les moyens de l'atteindre sont accessoires. » — Arthur Schopenhauer,* Métaphysique de l'amour *(1844)*

Alors inutile d'ajouter que la séduction n'est qu'hypocrisie et les sentiments qu'une excuse, un prétexte qui nous donne l'illusion de ne pas être des animaux qui se reproduisent machinalement. Pourtant, c'est ce que nous sommes, et Schopenhauer illustre cela en pointant du doigt « le sentiment de honte » qui envahit parfois deux amants après l'acte sexuel : pour lui, c'est un sentiment de lucidité. Les deux amants prennent alors conscience de la bestialité qui les constitue, car la sexualité n'est autre que la volonté toute-puissante qui s'exprime sans filtre et de manière déchaînée. Ainsi, gardez en tête que lorsque vous vous faites draguer, la personne qui vous charme souhaite perpétuer l'espèce à travers vous, et si vous acceptez, vous perpétuerez l'espèce ensemble (et vous sauverez l'humanité).

## SE REPRODUIRE POUR CONCEVOIR LES MEILLEURS INDIVIDUS

Vous l'aurez compris, le but de l'amour n'est pas le bonheur individuel des deux amants, mais bien l'union de deux êtres imparfaits qui créeraient ensemble un être parfait, pour perpétuer et parfaire l'espèce humaine. Néanmoins, à ceux qui réduiraient sa pensée à une simple copulation, Schopenhauer répond que la génération future est mille fois plus importante que notre petit nombril car, finalement, nous appartenons déjà au passé, tandis que les générations à venir ont tant de choses à accomplir pour améliorer le monde qu'on leur a laissé.

Voilà pourquoi la future génération a besoin d'être « parfaite » ou en tout cas meilleure que nous. C'est en ce sens que Schopenhauer considère l'amour comme une cause noble, de la même manière que des parents aimants souhaitent de tout cœur voir leurs enfants réussir là où ils ont échoué.

Maintenant passons à la pratique : pour Schopenhauer, tous les couples ne sont pas « aptes » à créer des progénitures « parfaites ». Il ne suffit pas d'être éperdument « amoureux » ou complice avec son partenaire pour créer la meilleure version de soi-même. Hélas, la Nature a une vision du couple totalement différente. Elle cherche les meilleures combinaisons physiologiques et de caractères pour former un enfant d'une harmonie parfaite, tant sur le plan physique qu'intellectuel. Alors la règle à suivre, c'est la complémentarité. Cela peut paraître étrange dans la mesure où l'on croit souvent que les couples les plus heureux, les plus épanouis sont ceux qui se ressemblent, qui partagent les mêmes valeurs, les mêmes passions... Mais Schopenhauer est d'un tout autre avis : les opposés s'attirent. Il écrit : « Chacun préférera son contraire. »

## À QUOI RESSEMBLE LE COUPLE PARFAIT ?

Vous ne vous êtes jamais demandé pourquoi cette grande blonde que vous avez croisée dans la rue marchait main dans la main avec cet homme d'1 m 20 ? Eh bien même si vous les trouviez surprenants, figurez-vous que ce couple-là répond aux critères du couple parfait selon Schopenhauer, car leurs différences physiques sont telles qu'elles deviendront harmonieuses chez l'enfant qui naîtra de leur union : leur progéniture aura une taille idéale (il ne sera ni trop grand comme sa mère, ni trop petit comme son père).

Si l'on en croit Schopenhauer, la Nature fait donc bien les choses puisque les défauts de l'un seront compensés par les qualités de l'autre, c'est la règle. Autrement dit, si vous avez un gros nez, vous chercherez une partenaire avec un petit nez ; si vous avez une taille de guêpe, vous serez attirée par un partenaire plus trapus... Plus les qualités de votre amant corrigent vos imperfections, plus la passion sera forte entre vous. Et tout cela parce qu'inconsciemment on veut que notre progéniture reçoive ce que l'on ne peut pas lui donner, alors on va chercher ces qualités physiques chez notre partenaire.

> *« Il [l'être humain] recherchera surtout dans un autre individu les perfections dont il est lui-même privé ; il ira jusqu'à trouver de la beauté dans les imperfections qui sont tout le contraire des siennes : les hommes de petite taille, par exemple, recherchent les femmes grandes, les blonds aiment les brunes, etc. » — Arthur Schopenhauer,* Métaphysique de l'amour *(1844)*

Quant aux qualités spirituelles, elles sont également importantes : pour Schopenhauer, la mère transmet les qualités intellectuelles, le père transmet la force de caractère et le courage. Mais là aussi, la règle de la complémentarité fonctionne : par exemple, si un homme n'est pas assez viril, il sera attiré par une femme qui a de la poigne ; si une femme est hypersensible, elle choisira un homme au cœur de pierre, et vice versa. Rappelez-vous : ce n'est pas l'harmonie du couple qui compte ici, mais l'enfant qui naîtra de leur union.

Conclusion : à toutes celles et tous ceux qui pensent que le secret de l'amour se cache dans le choix purement raisonné d'un partenaire, vous vous trompez ! Car ce n'est pas votre cerveau qui vous guide vers tel homme ou telle femme, c'est votre corps qui est au service de l'espèce. Et encore une fois, vous n'y pouvez rien, cela se fait de manière instinctive : nous n'avons pas conscience d'être attirés par une personne timide lorsque l'on est soi-même exubérant, nous n'avons pas conscience d'être attirés par un partenaire qui a des lèvres fines lorsque l'on a des lèvres pulpeuses... Notre corps nous dirige vers ce que nous n'avons pas : tout est une histoire de complémentarité. Rien d'autre.

> *« Dans le mariage ce qui compte, ce n'est pas la conversation spirituelle, c'est la procréation des enfants ; il est un lien des cœurs, non des cerveaux. » — Arthur Schopenhauer,* Métaphysique de l'amour *(1844)*

## ET PUIS, UN JOUR, LA MAGIE S'ARRÊTE

Une fois l'amour trouvé, une fois les plaisirs de la chair assouvis, le mariage fêté et l'enfant mis au monde, vient le jour où la flamme s'éteint. La passion, l'amour, la séduction, la complicité sont rangés au placard et tout ce que vous avez aimé chez l'autre disparaît. La vie à deux tant idéalisée tourne alors au cauchemar. À cette triste réalité Schopenhauer donne deux explications : la première vient du fait que la volonté (la force surpuissante qui nous contrôle) a eu ce qu'elle voulait, l'enfant qui perpétue l'espèce est né, donc elle n'a plus besoin de maintenir l'illusion de l'amour entre les deux amants. L'alchimie d'hier laisse la place à une tension permanente, on ne voit plus l'autre à travers les yeux de l'amour, mais bien tel qu'il est réellement, et tout cela est très décevant.

La deuxième explication à ce malheur est que nous avons choisi notre partenaire pour des qualités physiques et non spirituelles. Là encore, la volonté nous a bien eus. Car au lieu de choisir un homme ou une femme qui partage nos valeurs, nos projets, nos passions, elle nous a guidés vers un géniteur ou une génitrice pour combler nos vilaines imperfections et créer l'enfant parfait.

Mais malheureusement, géniteur n'est pas toujours synonyme d'âme sœur ! Alors, la déception est immense : d'abord parce qu'il nous faut tirer un trait sur nos rêves et nos projets de vie car ils ne sont pas compatibles avec ceux de notre partenaire. Ensuite, parce que l'engagement qui nous unit (mariage, enfants, maison, crédits) est tel que quitter son partenaire est extrêmement difficile. Résultat : chacun est frustré de son côté et rend l'autre responsable de son emprisonnement. Et on finit par se détester.

> *« Les mariages d'amour sont conclus dans l'intérêt de l'espèce, non dans celui des individus. Certes les intéressés se bercent de l'illusion qu'ils travaillent à leur propre bonheur, mais leur fin véritable leur est à eux-mêmes étrangère, car elle consiste dans la production d'un individu possible grâce à eux seuls. Il leur appartient alors de s'accommoder le mieux possible l'un de l'autre, une fois que ce but les aura réunis. » — Arthur Schopenhauer,* Métaphysique de l'amour *(1844)*

Le bonheur amoureux est donc un leurre. Pour Schopenhauer, le mariage condamne les « amoureux » à une vie de tourments. Il paraît que celui qui en souffre le plus, c'est l'homme. Schopenhauer part du principe que l'homme n'a aucun besoin de se marier. « Il faut donc dire d'abord que par nature l'homme incline à l'inconstance en amour, la femme à la constance. L'amour de l'homme décline sensiblement à partir de l'instant où il a obtenu satisfaction ; à peu près toutes les autres femmes l'attirent plus que celle qu'il possède déjà, il aspire au changement », ajoute-t-il. Contrairement à l'homme, « la femme s'attache de manière durable à un seul homme car la nature la pousse d'instinct et sans réflexion ; à conserver celui qui nourrit et protège la progéniture future. » Le mariage serait donc le moyen de retenir l'homme après la procréation.

Conséquence de tout cela : l'adultère est inévitable. En revanche, il est facilement pardonnable chez l'homme puisqu'il peut « aisément engendrer plus de cent enfants en un an ». L'homme est donc polygame par nature, jusqu'à ce que le mariage vienne calmer ses ardeurs. En ce qui concerne l'adultère chez la femme, Schopenhauer est beaucoup moins tolérant : une femme qui trompe son mari devient une « garce » car les conséquences de ses actes sont « contraires à la nature ». La femme qui ne peut mettre au monde qu'un seul enfant dans l'année devra fidélité à son mari pour assurer la protection de son foyer. Rien que ça.

Sans pour autant souscrire à la légère misogynie de Schopenhauer, on peut au moins lui reconnaître un certain talent de visionnaire : il a compris qu'il y avait une vie après la procréation. Et aujourd'hui, contrairement à son époque, les femmes comme les hommes peuvent enfin penser à leur épanouissement personnel une fois libérés de ce besoin de reproduction. Divorcer, changer de vie, de partenaire, réaliser ses rêves d'enfant mis de côté à cause d'un mariage... Si Schopenhauer savait que tout cela était possible, l'aurait-il supporté ? Lui qui avait un énorme complexe vis-à-vis des femmes et qui écrivait : « Quant aux femmes, si seulement elles avaient voulu de moi ! »

## POURSUIVRE EN TÊTE À TÊTE AVEC SCHOPENHAUER :

A. Schopenhauer, ***Métaphysique de l'amour*** – Personne n'a pensé l'amour et les relations amoureuses comme l'a fait Schopenhauer. Ce petit texte d'une cinquantaine de pages vaut vraiment le détour. Plutôt abordable, son analyse est riche, passionnante, et parfois drôle. Et si votre couple bat de l'aile, promis, Schopenhauer vous aidera à relativiser.

# SØREN KIERKEGAARD

*1813-1855*

# LE GRAND AMOUR ? NON, MERCI

Kierkegaard, c'est l'histoire d'un philosophe maudit. Du moins, c'est ce qu'il pense. Quand il naît, en 1813, à Copenhague, ses parents sont âgés, Søren est le « fils de la vieillesse ». Mais il est surtout le fils préféré de son père, et c'est là que les ennuis commencent. Son père, un certain Michael Pederson, est un homme austère, déprimé et alcoolique. Il est rongé par ses secrets et hanté par l'idée du péché. On raconte que lorsqu'il était enfant, pauvre et affamé, il aurait blasphémé Dieu qui ne lui venait pas en aide. Depuis, il était persuadé qu'un jour il payerait son péché.

Alors quelques années plus tard, quand il devient un riche marchand après la crise, impossible de se réjouir. Il n'y voyait que l'ombre d'un mauvais présage. Et les malheurs sont arrivés. Peu de temps après, le grand frère de Søren meurt. Son père est alors convaincu de sa malédiction. Il prédit que tous ses enfants ne dépasseront pas l'âge de 33 ans, comme Jésus, et qu'il sera le seul à leur survivre... Et il a plutôt vu juste : la mort frappe la maison familiale. En quelques années, les cinq frères et sœurs ainsi que la mère de Kierkegaard sont emportés. Triste coïncidence quand on sait qu'à une lettre près, « Kierkegaard » veut dire « cimetière » en danois.

Difficile d'avoir une enfance heureuse dans de telles conditions. Mais le petit Kierkegaard cache bien son jeu, il feint d'être heureux devant ses proches alors qu'au fond de lui, il y a un enfant qui pleure. Pour tenter de le consoler, son père devenu pieux, lui dispense une éducation religieuse. Là encore, il n'a pas été d'une grande aide : il lui transmet un christianisme radical, angoissant, obsédé par la faute et la souffrance. Kierkegaard grandit alors avec l'idée d'un avenir bien sombre : aucune issue n'est possible, même la foi est incapable de le sauver. Malheureusement, Kierkegaard n'est pas au bout de ses surprises avec son père. Vers 1835, après quelques verres de trop, il avoue à son fils son plus lourd secret, qui serait peut-être même à l'origine de cette malédiction : son deuxième mariage ne s'est pas vraiment fait dans les règles de l'art.

Après avoir perdu sa première femme, Michael Pederson épouse une certaine Anne, sa servante, qu'il aurait séduite ou abusée avant que la période de deuil soit achevée. Les sept enfants de la famille Kierkegaard sont alors le fruit du péché originel. Ils sont les enfants de la transgression, et ils devront le payer un jour. Kierkegaard est dévasté par cet aveu qui lui fait l'effet d'un « tremblement de terre ». Pour lui, c'est la double peine : il est à la fois condamné par la malédiction paternelle, et condamné à garder le secret de son père.

Avec les années, Kierkegaard se libère un peu de l'emprise paternelle. Il étudie la théologie, ne serait-ce que pour avoir une vision moins cruelle de la religion. Mais à part ça, il ne sait pas quoi faire de sa vie. « Ce qui me manque, c'est d'être au clair avec moi-même sur ce que je dois faire et non sur ce que je dois connaître (...) Il s'agit de trouver une vérité qui soit vérité pour moi, de trouver l'idée pour laquelle je puisse vivre et mourir », écrira-t-il plus tard dans son ***Journal***. En attendant de trouver cette vérité, Kierkegaard se prend pour un dandy, avec sa canne et ses costumes coûteux, il traîne dans les rues de Copenhague, flâne dans les cafés, va au théâtre. Il aime le luxe, les soirées mondaines, les cigares et les bons vins. Et il rêve de devenir poète.

Il est fasciné par Don Juan même s'il ne connaît rien du monde féminin. Son enfance pieuse et son éducation sévère l'ont empêché de courir après les filles. Alors quand, en 1837, lors d'un dîner, il rencontre une certaine Régine Olsen, il ne comprend pas trop ce qui lui arrive. À 24 ans, il tombe amoureux pour la première fois. Cette relation passionnelle lui fait découvrir des aspects de sa personnalité qui lui étaient jusque-là inconnus. Kierkegaard est chamboulé. Pour autant, il ne se sent pas tout de suite prêt pour l'amour. Il se contente alors de la séduire. Il lui envoie de longues lettres enflammées qu'il signe constamment de la formule : « À toi pour l'éternité. » Il l'amène aussi faire des promenades, lui récite des poèmes...

Trois ans plus tard, il demande Régine en mariage, elle accepte et ils se fiancent. Tout juste diplômé (Kierkegaard a soutenu une thèse sur Socrate), tout était censé rouler pour le jeune couple. Kierkegaard aurait pu devenir pasteur comme il y songeait, il aurait pu vivre heureux avec Régine dans la campagne danoise, continuer leurs promenades quotidiennes, avoir plein d'enfants, mais non. Kierkegaard a choisi de mener une autre vie, la sienne. Celle du philosophe qui s'opposera plus tard au système philosophique d'Hegel et qui deviendra l'un des fondateurs de l'existentialisme. Et tout ça, en dépit de celle qu'il aime.

## QUAND L'UN PART ET L'AUTRE RESTE

En août 1841, soit un an après avoir demandé Régine en mariage, Kierkegaard rompt brutalement ses fiançailles sans donner de raison. Dans une lettre pleine d'élégance et de poésie, il lui renvoie son anneau et écrit :

> *« Surtout, oublie qui t'écrit ces lignes ; pardonne à un homme qui, s'il a pu réussir certaines choses, n'est pourtant pas parvenu à rendre heureuse une jeune fille. En Orient, l'envoi d'un cordon de soie signifie pour le destinataire son arrêt de mort ; ici, l'envoi d'un anneau signe l'arrêt de mort de celui l'envoie. » — Søren Kierkegaard,* Correspondance.

En mettant fin à ses fiançailles, Kierkegaard scelle son propre destin, à la fois maudit et héroïque. Oui, on est bien dans la tragédie des ruptures amoureuses. Mais vous vous en doutez bien : Régine ne l'a pas laissé partir si facilement. Elle l'implore et menace de se suicider. Il revient, elle est heureuse, lui non, et deux mois plus tard il rompt définitivement.

Alors que s'est-il passé dans la tête de Kierkegaard pour plaquer, du jour au lendemain, amour et projets d'avenir ? Les hypothèses sont nombreuses, et ses livres seront autant de messages codés destinés à Régine. D'abord, Kierkegaard est un homme qui réfléchit trop. Beaucoup trop. À force de se poser des questions, il a commencé à douter : a-t-on le droit de se marier si on est incapable de dévoiler ses secrets à la personne que l'on aime ? Se marier rend-il vraiment heureux ? Le mariage est-il compatible avec la vie que j'ai choisi de mener ? Peut-on se marier quand on se sait condamné, maudit et malheureux ?

Autant de questions fondées ou infondées lui ont rongé le cerveau. Primo, il pensait que s'il épousait Régine, il devrait lui révéler son secret familial et c'était impossible, il avait juré à son père de garder le silence. Dilemme. Deuxio, rappelez-vous, Kierkegaard pensait mourir avant 33 ans, et quand il se fiance avec Régine, il en a 27. Loin de se douter qu'il allait survivre à la prophétie paternelle, il est persuadé que ses jours sont comptés. L'idée de laisser sa chère et tendre veuve au bout de quelques années lui est insupportable.

> *« Mon histoire avec elle, on peut bien l'appeler un amour malheureux, je l'aime, elle est à moi, son seul désir est que je reste près d'elle, la famille m'en supplie, c'est mon suprême souhait, et il me faut dire non. » — Søren Kierkegaard,* Journal.

Mais ces raisons ne sont que façade. Au-delà de ça, Kierkegaard en est sûr : le mariage le transformerait et lui ferait prendre une autre route. Et ce n'était pas envisageable. Sa route, Kierkegaard l'avait trouvée, elle était toute tracée. Il se sentait investi d'une mission divine, et pour la satisfaire, il devait oublier son mariage.

## CHOISIR SA VIE

Partir ou rester, vivre pleinement ou se renier pour l'autre, dire ou ne pas dire, être malheureux seul ou être malheureux à deux... Autant d'interrogations qui s'imposent à nous, de la même manière qu'elles se sont imposées à Kierkegaard au moment de sa rupture. Désormais seul et sans contraintes, il a tout le temps d'y réfléchir.

Mais pour lui, les choses sont simples : il postule que tous les hommes sont libres. Libres de leurs choix, de leur actes et donc libres de créer le sens de leur vie. Ce courant de pensée s'appelle l'existentialisme et sans le savoir, Kierkegaard en est l'un des fondateurs. Mais être maître de son destin ne se fait pas sans peine et sans angoisse. Kierkegaard et plus tard les penseurs existentialistes, comme Jean-Paul Sartre, se sont d'ailleurs penchés sur le sujet. Pour faire simple, l'angoisse vient de notre liberté : quand on découvre que l'on est libre de créer sa vie, que mille possibilités s'offrent à nous sans pour autant que l'on sache laquelle choisir, laquelle est la bonne, laquelle nous fera vivre sans regrets... on se retrouve confronté à son propre néant. Tandis que nous sommes condamnés à faire des choix dont nous ignorons les conséquences, la liberté finit par nous donner le vertige.

> *« Marie-toi, tu le regretteras ; ne te marie pas, tu le regretteras également ; marie-toi ou ne te marie pas, tu regretteras l'un et l'autre ; que tu te maries ou que tu n'en fasses rien, tu le regretteras dans les deux cas (...) Crois une jeune fille, tu le regretteras ; ne la crois pas, tu le regretteras également ; crois une jeune fille ou ne la crois pas, tu regretteras l'un et l'autre ; que tu croies une jeune fille ou que tu n'en fasses rien, tu le regretteras dans les deux cas. Pends-toi, tu le regretteras ; ne le fais pas, tu le regretteras également ; pends-toi ou non, tu regretteras l'un et l'autre ; que tu te pendes ou que tu n'en fasses rien, tu le regretteras dans les deux cas. Tel est, Messieurs, le résumé de tout l'art de vivre. » — Søren Kierkegaard,* Ou bien... ou bien, *(1843)*

Avec humour, Kierkegaard décrit bien la difficulté que nous avons à décider de nos vies. Vivre en couple ou célibataire ? S'installer ensemble ou rester chacun chez soi ? Avoir des enfants ou ne pas en avoir ? Derrière chacune de nos décisions se cache un potentiel bonheur ou un potentiel malheur. Mais voilà, pour vivre pleinement, il faut faire des choix. C'est comme ça. Notre existence nous est donnée un peu comme une toile vierge dont on serait les peintres. Quelles couleurs y mettre ? Du rouge, du bleu ? Quelles formes y dessiner ? Il nous revient de faire ce travail d'artiste, de prendre des décisions, de les assumer pour créer le plus beau tableau ou, du moins, celui qui nous rend heureux.

Pour Kierkegaard, le choix est fait : mariage et vie commune ne sont pas faits pour lui. C'était le choix de sa vie, certainement le plus dur et il en est conscient. « Ce que j'ai perdu ? Mon unique amour », écrit-il dans son *Journal*, qu'il remplit de pages émouvantes où se mélangent remords et culpabilité. Alors pour tenter d'atténuer sa peine, Kierkegaard dissimule sa mélancolie. Il enfile son costume de dandy et trompe le monde, à commencer par Régine, qu'il croise souvent au détour de ses promenades sans lui décrocher un mot. Il devient même condescendant à son égard : « Elle [Régine] m'amènerait à me plier à chacun de ses désirs, à passer le jour à l'amuser, si cela m'était permis et j'y prendrais même plaisir ; mais je ne puis accepter que me soit reprise ma pensée, mon idée où j'ai mis ma vie et dont la perte serait ma mort spirituelle. » Vérité ou autopersuasion ? Qu'importe. Son cinéma a l'air de fonctionner, mais la réalité est tout autre : Kierkegaard travaille jour et nuit à la lueur de sa bougie. Il remplit sa fameuse mission divine. En quelques années, il écrit des milliers et des milliers de pages, signe de sa grande richesse intellectuelle qu'il vantait, et de son intense vie intérieure.

> *« Comme Shéhérazade sauve sa vie en racontant des histoires, ainsi je sauve la mienne ou la maintiens à force d'écrire. » — Søren Kierkegaard,* Journal.

## RENONCER POUR SE SACRIFIER

Mais quelle est donc sa fameuse mission que Kierkegaard appelle aussi « vocation » ? Il s'agit de trouver la vérité de l'homme et de Dieu. Il veut d'une part être un poète du religieux pour faciliter la compréhension du christianisme. Et d'autre part, il cherche à résoudre l'énigme de l'homme : pour cela, il plonge dans les méandres de son âme, dissèque sa vie intime, l'absurdité de sa rupture, ses angoisses. Il pensait qu'en résolvant l'énigme de sa propre vie, il permettrait aux hommes de résoudre la leur.

> *« L'existence entière me remplit d'angoisse, depuis le moindre moucheron jusqu'aux mystères de l'Incarnation ; elle est tout entière inexplicable pour moi, surtout moi-même ; l'existence entière est infectée pour moi, surtout moi-même... Nul ne la connaît sinon Dieu dans le Ciel et il ne veut pas me consoler. Nul ne le peut sinon Dieu dans le Ciel et il ne veut pas avoir pitié. » — Søren Kierkegaard,* Journal.

Alors comme Dieu ne lui vient pas en aide, il lui revient de réfléchir pour trouver des réponses sur ces mystères de l'existence. Et ce travail, vous vous en doutez, n'est pas compatible avec femme et enfants. Voilà pourquoi Kierkegaard doit se sacrifier : « Très loin dans mon souvenir remonte cette pensée qu'il y a dans chaque génération deux ou trois êtres qui sont sacrifiés aux autres pour découvrir dans de terribles souffrances ce qui leur profite. C'est ainsi que je me comprenais mélancoliquement moi-même. J'étais élu pour cette mission », écrit-il. Son but est alors d'aider les hommes, « de leur être secourable, de trouver pour eux une consolation » en les menant vers une vie authentique.

## UNE VIE, TROIS POSSIBILITÉS

En analysant sa vie et en fouillant dans les recoins les plus sombres de son âme, Kierkegaard est arrivé à une théorie. Avant tout, notre vie est soumise au changement. Elle est faite de nouveauté, et n'a donc rien d'un long fleuve tranquille comme on se plaît parfois à le croire. Ainsi, dans *Ou bien... ou bien* en 1843 puis dans les *Étapes sur le chemin de la vie* en 1845, Kierkegaard postule qu'il y a trois stades, trois étapes par lesquelles l'homme est susceptible de passer durant son existence. Chaque stade est selon lui une renaissance : on meurt pour renaître dans une vie supérieure, pour vivre un amour plus haut de gamme. Et il en a fait lui-même l'expérience.

Le premier stade s'appelle le stade esthétique. C'est le moment où l'on cherche jouissance et plaisir, à l'image du Don Juan qui ne compte plus ses conquêtes mais dont la vie oscille entre angoisse et désespoir, car ses désirs ne sont jamais totalement satisfaits. Kierkegaard aussi est passé par là lorsqu'il tombe amoureux de Régine. Il découvre l'amour, la séduction, l'ivresse provoquée par la passion, avant d'y mettre fin trois ans plus tard. Moment douloureux mais fondateur de son existence sur lequel il ressent le besoin d'écrire. Il publie alors *Le Journal du Séducteur* (premier chapitre de son *Ou bien... ou bien*), qui raconte comment un dénommé Johannes usant de ruses et de procédés psychologiques parvient à susciter l'amour de la jeune Cordélia qu'il quitte six mois plus tard. Kierkegaard nous dévoile les stratégies et les réflexions de ce Johannes, qui se moque de l'amour mais qui jouit de chaque étape de sa conquête.

> *« Je suis un esthéticien, un érotique, qui a saisi la nature de l'amour, son essence, qui croit à l'amour et le connaît à fond, et qui me réserve seulement l'opinion personnelle qu'une aventure galante ne dure que six mois au plus, et que tout est fini lorsqu'on a joui des dernières faveurs. (...) S'introduire comme un rêve dans l'esprit d'une jeune fille est un art, en sortir est un chef-d'œuvre. » — Søren Kierkegaard,* Ou bien... ou bien, *« Le Journal du séducteur », (1843).*

Bien évidemment, Kierkegaard s'identifie à son personnage : il confiera d'ailleurs que s'il a écrit ce Journal, c'est à la fois pour déclarer son amour à Régine et pour la dégoûter. En se donnant le rôle du mauvais garçon et du séducteur déloyal, il voulait l'aider à se libérer de lui-même. Il voulait qu'elle le déteste car si elle avait continué à croire en son amour, elle aurait cherché à rendre possible ce mariage que Kierkegaard refusait au nom de l'éthique : en se mariant, il aurait fait le malheur de la femme qu'il aime. Et ça, c'était impossible.

Le deuxième stade, c'est donc ce stade éthique dont le mariage est le symbole. Mais plus largement, l'homme qui vit dans l'éthique est celui qui a pris conscience de ses responsabilités et de son devoir. C'est l'homme sérieux qui a une vie rangée, l'homme qui assume ses choix. En ce qui concerne Kierkegaard, il bascule du stade esthétique au stade éthique lorsqu'il comprend qu'il a une responsabilité envers Régine s'il se marie, et qu'il y renonce. Il n'a pas choisi de tomber amoureux mais il a choisi de ne pas se marier, là est la nuance entre les deux stades.

Néanmoins, même s'il ne l'a pas vécu, Kierkegaard parle du mariage. Dans la deuxième partie de *Ou bien... ou bien*, il met en scène un certain Wilhem, juge, mari et père de famille heureux, qui répond au séducteur Johannes. Il vante alors les mérites du mariage, il le décrit comme un acte de maturité qui serait même « le voyage le plus intéressant ». Mais Wilhem soulève tout de même une difficulté à cet amour conjugal. Contrairement à l'homme esthétique qui cherche sans cesse le renouvellement de ses plaisirs, l'homme marié a un ennemi : le temps. Il faut faire durer l'amour, le conserver dans le temps et « si cela est impossible, l'amour est également une impossibilité », assure Kierkegaard.

Et le dernier stade, c'est le stade religieux qui, selon Kierkegaard, nous conduit à l'amour éternel. Pour autant, cet amour absolu est difficile à atteindre. Il nécessite de se vouer corps et âme à Dieu, qui est Lui-même l'amour avec un grand « A ». Autrement dit, seuls les croyants qui ont une foi inconditionnelle y parviendront. Pour les non-croyants, cet amour semble incompréhensible, voire absurde. L'exemple que donne Kierkegaard est celui d'Abraham, qui n'hésite pas à sacrifier son fils Isaac par devoir et par amour de Dieu. La foi peut vraiment nous faire faire n'importe quoi, penseront certains. Mais dans l'histoire, c'est justement parce qu'il a gardé la foi que Dieu rendit son fils à Abraham. Et Kierkegaard dans tout ça ? Eh bien, il a suivi l'exemple d'Abraham et a sacrifié Régine. Et pourtant, il n'avait pas tant la foi que ça.

> *« Si j'avais eu la foi, je n'aurais pas quitté Régine. » — Søren Kierkegaard, Journal.*

## « À TOI POUR L'ÉTERNITÉ »

Pour Kierkegaard, son amour avec Régine était peine perdue. À force de se convaincre qu'il était impossible de vivre en couple lorsque l'on est si malheureux, Kierkegaard est devenu cet amant mélancolique. Mais s'il avait eu confiance en lui, s'il avait eu la foi, il aurait pu dépasser cette pensée, oublier l'impossible et vivre heureux avec Régine. Malheureusement, ses vieux démons l'ont une fois de plus rattrapé : sans cesse torturé par l'idée du péché transmise par son père, il se croit mauvais chrétien. Il ne mérite donc pas le bonheur.

Quoi qu'il en soit, Kierkegaard est celui qui préfère écrire sur l'amour idéal plutôt que vivre l'amour et ses complications. Mais dès qu'il parle d'amour, c'est à Régine qu'il pense. Elle est là, partout. Autant dans sa tête que dans ses livres. Il la fait revivre dans ses œuvres, elle devient même un personnage philosophique. Par l'écriture, il la rend éternelle.

> *« C'est à elle et à feu mon père que la totalité de mes écrits doit être consacrée : à mes deux maîtres, la noble sagesse d'un vieillard et la douce déraison d'une femme. » — Søren Kierkegaard, Journal.*

En ce sens, il lui a toujours été fidèle. Même quand elle s'est remariée avec un certain Fritz Schlegel, Kierkegaard n'a pas cherché l'amour d'autres femmes. Sa femme, son seul amour, c'était Régine. C'est donc tout naturellement que lorsque Kierkegaard meurt, à l'âge de 42 ans (heureux d'avoir déjoué la malédiction de son père), il la désigne comme sa seule héritière. Dans une petite armoire remplie d'objets qui lui rappellent sa « fiancée d'antan », on retrouve son testament. Laissons donc le mot de la fin à Kierkegaard, avec ses dernières volontés :

> *« Ma volonté est évidemment que ma fiancée d'antan, Mme Régine Schlegel, hérite inconditionnellement de tout le peu que je laisse derrière moi. Si elle ne veut pas elle-même le recevoir, qu'il lui soit demandé de bien vouloir en disposer pour le distribuer aux pauvres. Je souhaite ici exprimer que je fus et demeure aussi obligé par les fiançailles que par un mariage, et c'est pourquoi mon héritage lui revient exactement comme si nous avions été mariés. »*

## POURSUIVRE EN TÊTE À TÊTE AVEC KIERKEGAARD :

S. Kierkegaard, *Le Journal du séducteur* – Pour une première lecture, c'est le livre idéal. Pas de théories ou de concepts compliqués ; cet ouvrage est un roman philosophique et psychologique. On entre dans la tête de ce séducteur malsain qui manipule une femme, tout en découvrant en filigrane la philosophie de Kierkegaard sur l'amour et la recherche du plaisir.

# *MICHEL ONFRAY*

*1959 - aujourd'hui*

# EN FINIR AVEC LE COUPLE PRÉFABRIQUÉ

Onfray, c'est l'histoire d'un philosophe normand qui, dans sa jeunesse, voulait être conducteur de train. Aujourd'hui, à 59 ans, à défaut de le conduire, quand Michel Onfray prend le train, c'est surtout pour aller sur les plateaux de télévision parisiens, à la radio ou pour faire des conférences aux quatre coins de la France. Sinon, la majeure partie de sa vie et de son travail se passe à Caen, dans sa Normandie natale, où je suis allée le rencontrer.

Michel Onfray, c'est d'abord l'histoire d'un enfant de la campagne qui pêche des anguilles. Il naît en 1959 à Argentan, petite commune de l'Orne. Son père est ouvrier agricole, sa mère femme de ménage. Les fins de mois difficiles, la famille Onfray connaît. Mais dès l'âge de 10 ans, ce sont des années difficiles que Michel va connaître : ses parents le placent dans un pensionnat catholique. Il le vivra comme une trahison, et y découvrira des prêtres pédophiles, l'injustice, la violence et l'humiliation jusqu'à ses 14 ans. Onfray devient un jeune homme en colère.

Et puis la philosophie l'a sauvé. À 17 ans, en classe de terminale, il découvre que la philosophie n'est pas que théories alambiquées : elle peut aussi s'appliquer dans la vie de tous les jours, et aider à mieux vivre. Après avoir validé sa thèse, il publie son *Ventre des philosophes* (écrit en quatre jours) qui le mettra sous le feu des projecteurs parisiens. Mais faire carrière à Paris, très peu pour lui. Il refuse de quitter son village, et enseignera pendant vingt ans dans un lycée technique, avant de démissionner en 2002 pour se consacrer son grand projet : l'Université Populaire de Caen. Le Front National étant arrivé au second tour des présidentielles, Onfray, homme de gauche, souhaite créer un lieu où l'enseignement et la culture feraient reculer l'obscurantisme. Un lieu gratuit, ouvert à tous, où l'on apprend à analyser, à réfléchir et à penser grâce à la philosophie. Et aujourd'hui encore, il fait salle comble.

Si son nom ne vous dit toujours rien, Onfray est l'un des philosophes français (vivants) les plus lus dans le monde. À son actif : une centaine d'ouvrages traduits dans une petite trentaine de pays. Alors forcément, Onfray fait parler de lui. Tantôt les unes de journaux le présentent comme le « philosophe qui secoue la France », tantôt elles s'interrogent : « Faut-il brûler Michel Onfray ? ». À cela, ajoutez une quinzaine d'ouvrages écrits contre lui, et on se demanderait presque si taper sur Onfray n'est pas devenu monnaie courante. Mais rassurez-vous : quand on l'attaque, il n'hésite pas à rendre les coups. Fidèle à l'enfant révolté qu'il était ; il est parfois touché, mais jamais à terre : « Je me dis que si j'avais fait le métier de mon père, personne ne m'aurait jalousé, personne ne m'aurait craché dessus. Je dérange, et après tout, un philosophe qui dérange est dans son métier », me dit-il.

Il faut donc avoir les épaules solides pour être philosophe en 2018. Ou alors être moins médiatique, moins engagé… Parler moins fort pour déranger un peu moins. Mais en dehors des polémiques et des combats de coqs médiatiques, pourquoi crache-t-on sur Onfray ? Simplement parce qu'il a tendance à toucher aux sujets qui fâchent, avec l'ambition de démolir les mythes et les légendes dans lesquels nous vivons. Il affirme par exemple que Jésus n'a pas d'existence historique, il révèle ô combien Freud fut un escroc, il prédit la fin de notre civilisation occidentale… Alors bien évidemment, ça ne plaît pas à tout le monde.

Philosophe démystificateur pour certains, imposteur pour d'autres. Je laisse à chacun le soin de se faire son propre avis. Pour ma part, j'ai eu devant moi un homme qui a répondu à mes questions sans langue de bois, même s'il m'a parfois resservi des discours que j'avais déjà entendus ici et là ; un homme fort et sensible qui a évoqué avec émotion la mort de sa compagne puis celle de son père ; un homme qui « a la faiblesse » de croire qu'il est utile parce qu'on l'arrête dans la rue pour le remercier, mais qui manque cruellement de reconnaissance de la part de ceux qu'il aime, et qui ont hélas quitté ce monde... Un homme libre qui se plait à le rappeler. Un homme qui voue sa vie à la pensée et qui nous propose d'en finir avec la légende du : « Ils se marièrent, vécurent heureux et eurent beaucoup d'enfants. »

## MISÈRE SEXUELLE

Dans *Le Souci des plaisirs* (2008), Onfray part d'un constat simple et troublant : nous vivons à une époque où règne la misère sexuelle. Si vous n'en avez pas conscience, c'est normal : elle est « traitée sur le mode du déni dans notre civilisation », écrit-il. Autrement dit, tout le monde fait l'autruche. Quant à ceux qui ont ouvert les yeux, ils ne se sont pas levés un matin en ayant une révélation. Non, bien souvent, quand on découvre sa misère sexuelle, c'est qu'on en souffre. Pour en avoir la preuve, il suffit d'interroger sexologues, médecins, psychanalystes et autres thérapeutes qui reçoivent chaque jour de nouveaux patients sur leur divan.

Quand je questionne Onfray sur cette « misère sexuelle », ne serait-ce que pour comprendre comment elle se manifeste concrètement, il me dit : « Aujourd'hui, on se retrouve avec des gens qui sont célibataires, des couples qui se font puis se défont, avec un nombre considérable de divorces, avec une explosion de la fréquentation du porno sur internet, avec la création de sites de rencontres qui montrent que les gens ne sont même plus capables de draguer normalement, dans un train, dans un café, dans la rue... Maintenant c'est « je prends, je jette ». C'est le règne de la poupée gonflable. » Et en effet, de ce point de vue-là, la souffrance est inévitable.

Mais alors, d'où provient notre misère sexuelle ? Selon Onfray, d'un schéma qui nous est proposé mais qui ne convient plus.

> *« Le monothéisme sous le règne duquel nous vivons encore, malgré les fissures, les débris, les gravats, les décombres de plus en plus nombreux, a construit un corps chrétien que nous habitons encore sans même nous en rendre compte : l'imprégnation de vingt siècles d'idéologie d'un christianisme qui déteste les femmes, le désir, les plaisirs, la chair, les corps, la sensualité, la volupté, génère un nihilisme de la chair qui reste la vérité de notre époque en matière de sexualité. » — Michel Onfray,* Le Souci des plaisirs, *(2008).*

## L'ORIGINE DE NOS NÉVROSES ? VINGT SIÈCLES DE CHRISTIANISME

Onfray, athée revendiqué, ne passe pas par quatre chemins. Pour lui, ce schéma misérable est prodigué par la morale chrétienne. Pourquoi ? Tout simplement parce que l'Europe est chrétienne depuis des siècles et, de ce fait, l'imprégnation chrétienne est partout – invisible pour les croyants, mais bien visible pour les athées, semble-t-il. On la retrouve dans la pédagogie : l'élève qui obéit et qui apprend dans la douleur est valorisé. Dans la justice : il faut que le coupable souffre de sa peine de prison pour avoir droit à la rédemption. Dans la médecine : les religieuses ont longtemps assisté les médecins en affirmant aux malades que la souffrance permettait de se rapprocher du Christ...

Sans parler de l'art, de la littérature, de la peinture qui conservent encore aujourd'hui l'empreinte du christianisme, ne serait-ce que pour illustrer la vie martyrisée des saints ou de Jésus. Voilà donc le modèle dans lequel nous avons été bercés : un modèle qui, entre autres, glorifie la douleur. Et l'incarnation de ce modèle ? C'est Jésus, « un corps qui ne boit pas, ne mange pas, ne rit pas, n'a pas de sexualité, autrement dit un anticorps », selon Onfray. On nous invite donc à imiter un anticorps, un cadavre.

Mais quel rapport avec l'amour ? me direz-vous. Justement, j'y viens. Dans la Bible, Jésus n'a jamais rien dit sur l'amour ou sur la sexualité. Tout ce que l'on sait, c'est qu'il n'a aucune réticence vis-à-vis des femmes. La preuve : il accepte même que Marie-Madeleine lui répande du parfum sur les pieds. En revanche saint Paul, un de ses apôtres, est beaucoup plus hostile à la gent féminine. Mais pour dire vrai, saint Paul est hostile à beaucoup de choses, à commencer par son propre corps : il dit avoir « une écharde dans la chair ». Et cette écharde, c'est le mystère de saint Paul. Depuis plusieurs siècles, de nombreux chercheurs et médecins ont tenté d'en résoudre l'énigme. Ils en ont étudié les symptômes pour mettre un nom sur la maladie de l'apôtre. Ce qui semble à peu près sûr, c'est qu'il souffrait d'une infirmité physique ou psychologique qui le handicapait et qui était certainement très douloureuse. Résultat : des tonnes de maladies correspondent, alors impossible de trancher.

Ainsi, tout le monde y va de sa propre analyse et, bien évidemment, Onfray a lui aussi sa petite idée sur le sujet. Son hypothèse : saint Paul souffrait d'impuissance sexuelle. Oui, vous avez bien lu. Il affirme que l'impuissance sexuelle de saint Paul est à l'origine de sa névrose, et de cette « écharde dans la chair » dont l'apôtre se plaint tout le temps. L'analyse d'Onfray peut énerver ou faire sourire, mais elle explique en partie pourquoi saint Paul était aussi sévère avec les chrétiens de Corinthe qui osaient avoir une vie sexuelle. Il écrit : « Le corps n'est pas pour l'inconduite sexuelle : il est pour le Seigneur » (1 Corinthiens, 6.13). Ou encore : « Fuyez l'inconduite sexuelle » (1 Corinthiens, 6.18). Il affirme aux fornicateurs qu'ils pèchent contre leur propre corps et qu'ils n'hériteront donc pas du royaume de Dieu (1 Corinthiens, 6.9-10). Pas étonnant alors que saint Paul prône avec autant d'allégresse la haine du corps et célèbre la virginité, la chasteté et l'abstinence. Restons seuls, détestons notre corps et souffrons en silence de nos pulsions sexuelles, voilà le modèle qu'il nous invite à suivre.

> *« Saint Paul, sexuellement défaillant, blessé par cette « écharde dans la chair », doit donc renoncer au sexe, aux femmes, aux plaisirs de la chair, à la sensualité, à la volupté. Pour vivre avec cette tare, il s'en exonère et, souhaitant être comme tout le monde, ne pouvant faire qu'il soit viril comme les autres hommes, il exhorte les hommes à renoncer à leur virilité afin qu'ils lui ressemblent. Saint Paul veut transformer son défaut en qualité, il souhaite sublimer son impuissance en puissance, il aspire à transfigurer sa maladie personnelle en (mauvaise) santé pour tous. Ou : comment s'y prendre pour vivre avec sa névrose en névrosant l'humanité tout entière, et ce pour l'éternité. Or l'éternité, c'est long... » — Michel Onfray,* Le Souci des plaisirs, *(2008).*

Et les femmes dans tout ça ? Sans grande surprise, elles sont la cause de tous les malheurs. Et ce depuis que Ève a croqué dans la pomme. Autrement dit, depuis le péché originel, l'acte sexuel dont elle est la seule responsable. Adam, lui, est présenté par saint Augustin comme la victime, abusé du charme de sa partenaire. Et tout cela pose évidemment un problème : d'après Onfray, ces légendes « passent depuis vingt siècles pour des vérités avérées qui produisent des comportements, des agissements misogynes et phallocrates. Le corps des femmes, voilà l'ennemi pour les hommes – car le corps des femmes, c'est le désir et la volonté du serpent, la généalogie de la libido, l'avènement du sexe coupable... »

Saint Paul et saint Augustin seraient donc les grands inventeurs de la misogynie, puisque dans leur tête et leur corps d'hommes martyrisés par leurs pulsions sexuelles, la cause de leur libido et de leur désir... c'est la femme. Elle devient donc l'ennemie à abattre. Mais n'ayez crainte. Il y a tout de même une femme digne à leurs yeux, une femme qui devrait servir d'exemple : Marie, la mère du Christ. Pourquoi ? Parce qu'elle est vierge et mère à la fois.

> *« Le christianisme a nié le corps, les corps ; il a exigé le célibat, la continence, la chasteté ; il a théorisé la haine des femmes, construit un édifice conceptuel misogyne et phallocrate ; (...) il a célébré le corps malade, mutilé, maltraité, avili ; il a joui du martyre ; il a transformé la sexualité en malédiction ; il a persécuté à mort tout amant de la vie, tout amoureux des corps, tout passionné de l'existence ; il a célébré le nihilisme comme le sens le plus certain de la terre ; il a fâché les hommes avec le monde, sa matière, sa prose, sa chair ; il a fustigé l'érotisme, une création satanique, infernale, démoniaque, une perversion des anges déchus ; il a préféré l'anticorps d'une fiction à la beauté des corps réels ; il a sali la chair ; il a craché sur le visage des femmes ; il a sali leurs ventres et discrédité le sang vivant qui s'en écoule ; il a décrété l'impureté des sexes féminins, ces fleurs de chair sans pareil ; il a rendu impossibles les caresses solaires, les baisers de lumière, les tendresses charnelles, les voluptés partagées... » — Michel Onfray,* Le Souci des plaisirs, *(2008)*

Alors pour Onfray, il est grand temps d'en finir avec ce schéma qui produit « des femmes frigides, des hommes sexuellement asthéniques, des peuples angoissés et anxieux », écrit-il. Rompre avec le divin, avec la culpabilité et l'interdit religieux qui empoisonnent, voilà ce que propose Onfray.

## DÉCHRISTIANISER LA MORALE SEXUELLE

Récapitulons : le modèle à imiter pour les hommes, c'est Jésus (ou saint Paul pour les plus téméraires), et le modèle pour les femmes, c'est Marie. Autrement dit : imiter un homme qui n'a pas de sexualité, pas de désirs, pas de plaisirs, et imiter une femme qui est mère tout en étant restée vierge. Or, vous n'êtes pas sans savoir qu'enfanter nécessite une relation sexuelle, alors comment rester vierge et avoir des enfants en même temps ? Il faut dissocier la sexualité du plaisir, nous dit saint Thomas d'Aquin, ce qui revient à dire : faites des enfants mais interdisez-vous d'y prendre du plaisir. La relation sexuelle en soi n'est donc pas coupable tant qu'elle vise la procréation, en revanche, le plaisir l'est. C'est la raison pour laquelle l'homosexualité est condamnée : c'est une sexualité de purs plaisirs, puisqu'elle ne permet pas de procréer.

Ainsi, on a longtemps dit : le modèle, c'est le couple monogame, un homme, une femme, un mariage, des enfants. Sans oublier de promettre fidélité, amour et assistance pour le meilleur et pour le pire, dans la richesse et dans la pauvreté, dans la santé et dans la maladie... jusqu'à ce que la mort nous sépare. Voilà le pacte sacré, le schéma, la « normalité » qui nous sont imposés.

> *« La norme fut longtemps hétérosexuelle, monogame, nucléaire, familialiste, cohabitante, fidèle. De sorte que tout ce qui n'entrait pas dans ce cadre légal, social, politique, religieux, devenait a-normal, donc répréhensible, condamnable, punissable. » — Michel Onfray,* Le Souci des plaisirs, *(2008).*

Alors certes, avec mai 68, la morale sexuelle s'est déchristianisée : loi Neuwirth en 1967 qui légalise la contraception, remboursement de la pilule par la Sécurité sociale en 1974 puis la loi Veil qui libéralise l'avortement en 1975... Trois lois anti-chrétiennes qui prouvent que désormais le christianisme ne fait plus la loi. Mais malgré ces nouvelles libertés, le constat d'Onfray est sans appel : aujourd'hui, « le corps est pensé comme un produit jetable, un bien de consommation ; les sexualités expérimentales chaotiquement accumulées ; les communautés introuvables remplaçant les couples devenus impossibles ; l'improvisation sans foi ni loi, dans laquelle les enfants payent le prix fort la désorientation des adultes... »

En quelques années, on est donc passé d'un extrême à l'autre. Le schéma du couple se trouvant bouleversé par cette liberté ambiante, chacun fait n'importe quoi avec n'importe qui, tout le monde est perdu, l'autre devient un objet, on ne s'en soucie plus, on ne s'attache surtout pas, on ne construit rien, et chacun gère comme il peut son malheur, sa solitude et sa sexualité misérable.

Voilà pourquoi Onfray parle de mai 68 comme d'une fausse libération, car aujourd'hui « on voit une jeune génération qui revient aux fondamentaux du couple : on habite vite ensemble, on est monogame, on est fidèle, et si on n'est pas fidèle on se cache, on songe aux enfants et on imagine une famille… », m'affirme-t-il. Alors oui, théoriquement, la sexualité s'est libérée mais le modèle du couple n'a pas pour autant évolué. Conclusion : rien n'a changé. On fait un pas en avant et trois pas en arrière.

## LA SOLUTION : SE TAILLER UN COSTUME SUR MESURE

C'est bien beau de vouloir déchristianiser la sexualité, l'amour et le couple, mais concrètement, on fait quoi maintenant que l'on a explosé le schéma dominant ? Eh bien, il faut tout réinventer. Pour illustrer son propos, Onfray prend l'image d'un costume. Il explique que pendant des siècles, tout le monde portait le même costume, à savoir le costume du couple monogame, fidèle, qui vit sous le même toit et qui envisage de fonder une famille. Mais quand le même costume est porté par des morphologies différentes, il y a forcément un moment où les boutons explosent, un moment où l'on réalise que les manches sont trop longues et que ce costume ne convient pas. La solution d'Onfray ? Se tailler un costume sur mesure.

Or, il n'y a pas de recette magique pour un couple sur mesure. Il appartient à chacun de le concevoir. Mais cela suppose un travail de réflexion personnel, il faut se connaître, se poser quelques questions existentielles : comment ai-je envie de vivre ? Ai-je envie de reproduire le même schéma que mes parents ? Me marier ? Vivre seul ou sous le même toit que mon ou ma partenaire ? Ai-je envie de faire des enfants ? Avec quels défauts puis-je vivre ? Avec quels défauts ne puis-je pas vivre ? Suis-je monogame ou polygame ? Fidèle ou infidèle ? Ai-je envie de partager mon quotidien avec quelqu'un ? Pour la vie ou pas pour la vie ? Etc. – Je ne l'ai pas précisé mais le mieux, c'est quand même de répondre honnêtement à toutes ces questions, sinon vous foncez droit dans le mur.

Une fois que l'on sait à quoi on aspire, à chacun d'inventer sa vie comme il le souhaite. Seul, accompagné, à deux, à trois, à quatre même si c'est ce dont il rêve et qu'il trouve des partenaires consentants. Mais Onfray est prévoyant. Il n'oublie pas que l'homme reste un animal capable de jalousie, de possession, de suspicion, de haine... Il propose un moyen d'échapper aux passions tristes : un contrat. Un contrat hédoniste pour être précis. Pourquoi hédoniste ? Parce que par définition, l'hédonisme vise la recherche du plaisir tout en évitant la souffrance. Alors si on peut construire à deux un couple idéal sans avoir peur d'en souffrir, pourquoi s'en passer ?

> *« On peut contracter pour un mariage, des enfants, une famille, la monogamie, la fidélité, la mutuelle assistance, l'exclusivité sexuelle, la relation durable, mais on le peut aussi pour l'indépendance, l'autonomie, la liberté, le célibat, la souveraineté... » — Michel Onfray,* Théorie du corps amoureux, *(2000).*

Concrètement, comment on fait ? Eh bien avant de se lancer dans une relation sans queue ni tête, il faut prendre son courage à deux mains et parler un peu. Chacun expose à l'autre sa vie rêvée, ce à quoi il ne renoncera jamais, ses valeurs, ses exigences, ses règles... Chacun définit ses clauses du contrat, son projet de vie à deux. Si cela convient aux deux parties, alors on s'engage et l'histoire d'amour peut commencer sans crainte, puisque chacun connaît les règles et sait où l'aventure amoureuse le mènera.

Pour que cela fonctionne à merveille, ce contrat doit être égalitaire : « les deux contractants disposent des mêmes droits, obéissent à des principes similaires ». Ils peuvent également rompre le pacte à tout moment puisque « la faute consiste dans le seul manquement à la parole donnée », précise Onfray. Fini les relations dominant-dominé, plus de bourreau ni d'esclave. L'autre n'est plus perçu comme un objet ou un produit jetable, il redevient un être avec lequel on souhaite construire un projet de vie, un être avec lequel on a envie de vivre et peut-être même de vieillir.

## L'AMOUR DE LA LIBERTÉ

Onfray fait partie de ces philosophes qui s'acharnent à vivre en accord avec leur philosophie. Alors vous vous doutez bien que s'il a théorisé ce contrat hédoniste, il l'applique aussi dans sa vie amoureuse. La première clause dans son contrat ? La liberté. Onfray dit même être libertin. Mais entendons-nous sur les mots : le libertin a mauvaise presse aujourd'hui parce qu'il renvoie au Don Juan qui accumule les conquêtes, qui a une sexualité sans foi ni loi. Or, au sens premier du terme, un libertin est un affranchi, un homme qui considère sa liberté comme son bien le plus précieux.

C'est donc en ce sens qu'Onfray est libertin. Il place sa liberté au-dessus de tout, alors vous imaginez bien que le schéma du couple classique, le mariage, les enfants, le pavillon en banlieue... Onfray a dit non, merci. Pourquoi ? D'abord parce qu'il refuse de mettre sa liberté en péril. Ensuite parce qu'il lui est impossible de jurer amour éternel, dévouement et exclusivité sexuelle. Il refuse de s'engager à tenir des promesses qui sont pour lui intenables.

> *« Le libertin tel que je l'entends ne contracte jamais au-dessus de ses forces ou de ses moyens : il ne place jamais rien au-delà de sa liberté ; il ne promet jamais rien qu'il ne puisse tenir ; il ne s'est jamais fourvoyé dans les promesses qui engagent pour l'éternité ; il n'a jamais fait miroiter à l'autre des édens auxquels il ne croit pas ; il ne joue jamais avec les mots, le verbe et la rhétorique pour obtenir de pitoyables succès par le mensonge... » — Michel Onfray,* Théorie du corps amoureux, *(2000).*

Onfray a donc construit sa vie amoureuse de manière à rester libre, indépendant et autonome. Impossible, pensez-vous ? Onfray vous dirait qu'il suffit d'un bon contrat, du consentement de la personne aimée, et tout est possible. En ce qui concerne les clauses de son contrat amoureux, il commence par refuser la cohabitation, qui est selon lui trop aliénante. Il ne croit pas au modèle du couple fusionnel qui vit ensemble, qui fait tout ensemble, qui partage la même salle de bain, les mêmes toilettes, le même lit, sans parler des ronflements. Son quotidien, Onfray préfère le vivre seul. Ne serait-ce que pour conserver sa liberté de choisir et d'inventer sa vie : « Je pense que le couple monogame, fidèle qui partage le même toit ne peut plus choisir. Ou alors on choisit en cachette. On se cache pour avoir des relations adultères, par exemple », me déclare-t-il.

En revanche, les relations adultères en cachette ? Très peu pour lui. Dans son contrat amoureux, les libertés sexuelles sont admises des deux côtés. Mais avant d'en arriver là, il insiste sur un point : il faut penser l'infidélité à deux, la définir, la contractualiser. Pour Onfray, l'infidélité, ce n'est pas d'aller voir ailleurs le mercredi de 17 h à 18 h 30. Non, on est infidèle quand on ne tient pas la promesse que l'on a faite à l'autre. On est infidèle quand on s'engage et que l'on n'honore pas sa parole parce que l'on n'en est pas capable.

C'est pourquoi il faut se connaître, dialoguer, échanger et ne pas pactiser au-dessus de ses forces. Autrement dit, on peut aimer viscéralement sans promettre la lune : « J'ai vécu 37 ans avec Marie-Claude qui est décédée d'un cancer. Elle savait que j'avais une sexualité sans elle. Elle n'avait juste pas envie d'avoir le détail, ce qui me paraît normal mais ça a été construit comme ça. On ne peut pas dire que j'étais dans une logique d'adultère parce qu'elle savait. Et elle savait très bien qu'elle passait avant tout, et avant tout le monde. Elle pouvait obtenir ce qu'elle voulait de moi, y compris me dire « Tu arrêtes cette histoire » si elle en avait eu envie », m'a-t-il confié. Alors, à tous ceux qui pensent qu'amour et liberté sont incompatibles, il semble que Michel et Marie-Claude ont prouvé le contraire.

# POURSUIVRE EN TÊTE À TÊTE AVEC ONFRAY :

M. Onfray, ***Théorie du corps amoureux*** – C'est un livre passionnant, on découvre des philosophes oubliés, leur rapport au corps, à la chair, avant d'en arriver à la théorie d'Onfray : le fameux contrat et la proposition d'un libertinage redéfini. Mais je me dois de vous prévenir : les références sont nombreuses, alors accrochez-vous. En revanche, ***Le Souci des plaisirs*** me paraît plus accessible. Je vous conseille vivement l'édition illustrée.

# MORT

mɔʁ, nom féminin

1. Perte définitive par une entité vivante (organe, individu, tissu ou cellule) des propriétés caractéristiques de la vie, entraînant sa destruction.
2. Cessation complète et définitive de la vie d'un être humain, d'un animal : Annoncer la mort d'un ami.
3. Terme de l'existence de quelqu'un, considéré comme un moment du temps, une date : Publier un ouvrage après la mort de son auteur.
4. Manière de mourir ; circonstances qui accompagnent la mort : Une mort naturelle, accidentelle.
5. Ce qui présage le décès, signes extérieurs ou personnification de la mort : La mort se lisait sur son visage.

*D'après le Dictionnaire Larousse.*

# SIGMUND FREUD

*1856-1939*

# LA MORT EST QUELQUE PART EN NOUS

Freud, c'est l'histoire d'un médecin autrichien qui était prêt à tout pour devenir célèbre. On le connaît aujourd'hui comme le fondateur de la psychanalyse, on lui doit de nombreuses découvertes comme celle de l'inconscient, mais aussi l'interprétation des rêves et des actes manqués, le complexe d'Œdipe qui traite de la sexualité infantile, etc. Mais avant d'être considéré comme le maître de l'interprétation du psychisme, il avait plutôt une vilaine réputation : on le traitait de libertin, on le trouvait obscène, malsain.

Ses écrits étaient même qualifiés de « pornographiques » ; il s'en est donc bien sorti puisqu'il est aujourd'hui étudié dans toutes les classes de terminale. Pour autant, je ne vous cacherai pas qu'à ses débuts, certaines de ses études étaient quelque peu surprenantes : lorsqu'il était étudiant, Freud s'est longtemps intéressé aux organes sexuels des anguilles. Il en faisait même des schémas qu'il envoyait à ses copains. En grandissant, ses recherches se tournent vers la cocaïne. Freud était intrigué par l'effet qu'elle avait sur les soldats autrichiens, alors il devient à son tour cocaïnomane (jusqu'en 1895) tout en étant persuadé que ses travaux lui apporteront la célébrité dont il rêve tant. Bien évidemment, il n'en fut rien.

C'est en 1885 que les choses sérieuses commencent : Freud a obtenu son diplôme de médecin quelques années plus tôt et il décide de se spécialiser dans les maladies du système nerveux. En voyage à Paris pour suivre les cours du grand professeur Charcot (un neurologue et professeur d'anatomie pathologique, qui se consacre à l'étude des maladies), Freud découvre l'hystérie et prend conscience de la réalité des maladies mentales, parce que, jusque-là, on ne s'en occupait pas tellement. Pour tout vous dire, à l'époque, les patients souffrant de troubles psychiatriques étaient enchaînés sur une chaise, ou alors on les plongeait dans des bains glacés, en pensant que cela calmerait leur folie. Mais avec Charcot, Freud apprend une nouvelle méthode de traitement : l'hypnose.

Grâce au pouvoir de la parole, il découvre qu'il n'y a pas que le corps qui est malade : l'esprit peut l'être aussi. Pour soigner les esprits souffrants, Freud fait parler ses patients et tente de faire émerger ce fameux inconscient dont je vous parlerai plus tard. De ses recherches découlent deux théories : les névroses de ses patients viennent selon lui de traumatismes de l'enfance ou de leur sexualité. Voilà pourquoi on lui a longtemps collé cette réputation de pervers sur le dos. Pour Freud, la sexualité est partout, même sur le divan de son cabinet car toutes ses patientes finissent par tomber amoureuses de lui. Mais ça, Freud ne le voit pas. À 40 ans, marié et six enfants, il est pourtant inexpérimenté sexuellement parlant (le sexe, c'est juste pour se reproduire). Il se contente de vivre un amour platonique avec sa femme Martha. Lui qui a inventé le concept de libido en avait très peu, il a même tiré un trait sur les relations sexuelles pendant plusieurs années. Étrange paradoxe dont il n'a pas souffert, puisque son petit plaisir à lui, c'est son travail et ses recherches scientifiques qui consistent notamment à creuser au plus profond de nous-mêmes, jusqu'à découvrir que la mort y est bien présente.

## CES ÉNIGMES CACHÉES EN NOUS

Dès le XVIIe siècle, la philosophie classique porte son attention sur la conscience et ses manifestations, à savoir : la pensée, la mémoire, l'imagination... Pour autant, même si elle a pressenti qu'une partie de notre psychisme échappe à la conscience, elle n'en a pas fait l'objet de son étude. Il faudra attendre le XXe siècle pour que Freud nomme l'innommable : ce mystère qu'est l'inconscient. Et même si Freud n'est pas à proprement parler un philosophe, en créant la psychanalyse et sa théorie de l'inconscient, il bouleverse la pensée de l'époque et creuse là où la philosophie n'était pas allée. C'est en cela que sa théorie intéresse les philosophes, car elle offre un nouveau regard sur le fonctionnement psychique de l'être humain.

Et ce nouveau regard commence par un postulat très simple : pour Freud, tous les symptômes de ses patients ont un sens et ils doivent être décryptés et expliqués. La psychanalyse, c'est donc une sorte d'investigation psychologique qui cherche à comprendre nos comportements pour apaiser nos tourments. Pour cela, le psychanalyste doit découvrir ce qui se cache dans notre inconscient. Mais l'inconscient, on n'y pénètre pas si facilement.

D'abord parce qu'il est enfoui au fond de nous, et que par définition on n'en a pas conscience. Ensuite, parce que ce qu'on y cache n'est pas joli à voir alors on en verrouille l'accès : selon Freud, notre inconscient contient nos secrets, nos pulsions et nos désirs les plus honteux et inavouables. Ce sont souvent des pensées amorales, asociales et comme tout cela n'est pas très réjouissant, notre psychisme les repousse dans l'inconscient et on croit qu'elles disparaissent. Mais non ! Nos vilaines pulsions ne s'effacent pas, elles sont juste refoulées et dissimulées quelque part en nous, jusqu'au jour où elles se manifestent dans notre vie de tous les jours.

C'est là que ça devient intrigant. D'après Freud, ces pulsions refoulées vont se déguiser afin de franchir notre censure interne (car elles en ont marre d'être bloquées dans l'inconscient). Parmi ces déguisements, on trouve : les actes manqués, les lapsus, les rêves, les symptômes des maladies mentales… Par exemple : si vous faites vingt-cinq fois le même rêve ou le même cauchemar, Freud vous dira que ce rêve exprime un désir inconscient en vous. Même chose pour les actes manqués et les lapsus : si vous perdez vos clés à plusieurs reprises, ou que vous envoyez un SMS au mauvais destinataire, ou encore que vous remplacez un mot par un autre en pleine conversation (et que c'est gênant), Freud vous dira que ces actes manifestent bel et bien une intention inconsciente en vous. Vous l'aurez compris, il n'y a pas de hasard : tous ces déguisements sont de véritables actes qui nous échappent, certes, mais qu'il faudra décrypter car ils sont forcément porteurs d'un sens.

> *« Le moi n'est pas maître dans sa propre maison. » — Sigmund Freud,* Introduction à la psychanalyse *(1917)*

Freud aurait pu s'arrêter là et expliquer toute sa vie à ses patients que leurs souffrances sont le fruit de ce que cache leur inconscient. Mais, comme je vous l'ai dit, Freud est un acharné du travail, et ses recherches l'ont amené à découvrir qu'il y a en nous une autre force inconsciente qui explique certains de nos comportements les plus absurdes.

## UN GOÛT POUR LE MORBIDE

Savez-vous pourquoi on ne résiste pas à regarder un accident de voiture sur l'autoroute, pourquoi on est fasciné par les faits divers les plus sanglants, ou encore pourquoi on persiste à regarder un film d'horreur qui va nous faire faire des cauchemars pendant une semaine ? Même si on préférerait tourner la tête ou fermer les yeux, c'est plus fort que nous, nous sommes obligés de regarder. Et cela dépasse bien évidemment le stade du voyeurisme. La vérité, c'est que l'on aime se frotter à la souffrance et on cultive tous une fascination pour la mort. Et bien avant que la psychologie moderne se préoccupe du sujet, Freud avait déjà pointé du doigt et analysé ce phénomène quelque peu déroutant.

1920, c'est l'année où Freud met des mots sur notre attirance pour la mort. Le contexte n'est pas très charmant : sa fille Sophie meurt, la grippe espagnole tue des millions de gens et c'est la fin de la Première Guerre mondiale qui fut une boucherie sans nom. Freud est bouleversé, il réalise que cette longue guerre est l'œuvre des forces les plus meurtrières et destructrices des hommes, capables du meilleur mais surtout du pire. De plus, nombre de ses patients sont d'anciens soldats abîmés par la guerre. Et tous souffrent des mêmes traumatismes : démences, paralysies, angoisses et cauchemars terribles à répétition...

Freud reste perplexe et se demande pourquoi ces névrosés de guerre se rappellent sans cesse des situations désagréables ou répètent des actes qui les font souffrir. C'est donc à ce moment-là qu'il va approfondir son analyse de nos pulsions inconscientes et l'étendre à tous ses patients : face à ce qu'il y a de plus maléfique et démoniaque en l'homme, il théorise ce qu'il appelle les pulsions de mort.

> *« L'homme n'est pas un être doux, en besoin d'amour, qui serait tout au plus en mesure de se défendre quand il est attaqué, mais au contraire il compte aussi à juste titre parmi ses aptitudes pulsionnelles une très forte part de penchant à l'agressivité. » — Sigmund Freud,* Le Malaise dans la culture *(1929)*

## NOUS SOMMES TIRAILLÉS ENTRE LA VIE ET LA MORT

« Pulsion », c'est avant tout un terme de physique qui signifie « action de pousser ». Mais en psychanalyse, la pulsion devient cette chose invisible en nous, une espèce d'énergie entre notre corps et notre âme qui nous pousse à agir, à adopter certains comportements dans le but de soulager la tension qu'elle provoque.

Selon Freud, il y a en chacun de nous deux types de pulsions qui luttent l'une contre l'autre depuis notre naissance : les pulsions de vie et les pulsions de mort. Pour que sa théorie ait l'air un peu moins sinistre, il donne à ces pulsions un joli petit nom grec : les pulsions de vie sont aussi appelées Eros (dieu grec de l'amour) et les pulsions de mort portent le nom de Thanatos (dieu grec de la mort).

> *« La pulsion, en revanche, n'agit jamais comme une force d'impact ponctuelle, mais toujours comme une force constante. Comme elle n'attaque pas de l'extérieur, mais depuis l'intérieur du corps, aucune fuite ne sert à quoi que ce soit à son encontre. » — Sigmund Freud,* Pulsions et destins des pulsions *(1915)*

Commençons par les pulsions de vie (Eros) : il s'agit de notre part de lumière. Ces pulsions de vie nous permettent de maintenir notre existence, comme une sorte d'autoconservation de nous-mêmes. Elles nous poussent vers la vie en nous incitant à nous reproduire (on parle alors de libido ou de pulsions sexuelles). Elles nous guident vers la création, vers l'amour, elles nous donnent envie d'améliorer nos comportements pour nous réaliser humainement. Ces pulsions de vie sont nécessaires au bien-être du corps et de l'esprit.

De l'autre côté, il y a ces pulsions de mort (Thanatos) qui cherchent à nous détruire. D'après Freud, l'un des symptômes de ces pulsions de mort est la répétition d'agressivité envers soi-même. En d'autres termes, on reconnaît ces pulsions destructrices lorsque l'on revit toujours les mêmes souffrances, lorsque l'on répète inlassablement des actes ou des comportements qui nous sont douloureux, un peu comme des rites obsessionnels. On parle alors de compulsion de répétition.

Pour Freud, cette répétition inconsciente de la souffrance est la marque d'une force « démoniaque » en nous qui signifie que nous ne sommes pas en paix avec un conflit passé, ce qui explique pourquoi nos douleurs se vivent au présent, et pourquoi on s'inflige du mal sans s'en rendre compte. C'est le cas par exemple des névrosés de guerre que j'évoquais : ils sont traumatisés par ce qu'ils ont vécu et y pensent constamment à cause de leurs souvenirs. Ils revivent en permanence des moments atroces de leur vie, ils refont sans cesse les mêmes cauchemars terrifiants, ils ont les mêmes angoisses depuis des années… Et même si leur cerveau essaye tant bien que mal d'oublier, de refouler ces images de guerre, elles sont toujours présentes dans leur inconscient, alors elles finissent par réapparaître sous forme de rêves ou d'actes manqués car « ce qui est demeuré incompris fait retour ; telle une âme en peine, il n'y a pas de repos jusqu'à ce que soient trouvées résolution et délivrance », écrit Freud.

Il s'agit du même processus lorsque l'on reproduit à l'infini des situations douloureuses dans notre vie (mêmes schémas amoureux, mêmes problèmes relationnels, mêmes erreurs dans le travail, etc.) sans pour autant réaliser que l'on revit les mêmes scènes depuis des années. Alors on s'en étonne jusqu'à parfois se complaire dans notre malheur comme des masochistes, tout cela parce que nos pulsions de mort ont pris le dessus sur nos pulsions de vie.

Pour faire simple, imaginez un ring de boxe : d'un côté la pulsion de vie, de l'autre la pulsion de mort. Si l'on veut être bien dans ses baskets, le mieux serait que notre pulsion de vie mette KO notre pulsion de mort ou, du moins, qu'elle domine le combat. Mais ce combat dure toute notre vie, et la pulsion de vie, bien qu'elle soit super forte, baisse parfois un peu sa garde et se fait malmener par la pulsion de mort. Et quand la pulsion de mort l'emporte, ce n'est pas bon signe pour nous.

## LA FOLLE ENVIE DE S'AUTO-DÉTRUIRE

La pulsion de mort est l'expression de la haine ultime envers soi-même. C'est un poison caché en nous. Elle s'exprime par la violence, la négativité, l'envie de tout détruire, et parfois même le suicide. On adopte alors des comportements qui nous isolent et qui empêchent tout lien social avec notre entourage. Freud explique que dans un premier temps la pulsion de mort est « muette » puisque ses effets se propagent à l'intérieur de nous, dans notre organisme. Cependant, quand la charge pulsionnelle est trop forte et que la pulsion de mort s'éveille à l'extrême, sans être adoucie par la pulsion de vie, toute notre agressivité et notre violence s'expriment alors à l'extérieur, soit sur nous-mêmes soit sur une autre victime.

Cette agressivité envers nous-mêmes se manifeste par des comportements autodestructeurs, par exemple : l'excès d'alcool, la toxicomanie, l'anorexie, la boulimie, ou plus simplement, se ronger les ongles. Autant de douleurs physiques que l'on s'inflige pour extérioriser cette haine qui est restée trop longtemps silencieuse. Ceci dit, vivre avec l'idée qu'il y a quelque part en nous une force meurtrière qui peut à tout moment se retourner contre nous n'est pas chose facile. Pas si simple d'accepter que l'on peut être un danger pour soi ou pour les gens qu'on aime.

Bien que la théorie des pulsions de mort ait longtemps été décriée (on lui reprochait un manque de preuves scientifiques), Freud y a cru dur comme fer jusqu'à la fin de sa vie : après avoir vu la cruauté de la Première Guerre mondiale, il est persuadé que nous sommes une humanité de meurtriers prêts à laisser nos pulsions criminelles s'exprimer à chaque instant. Étrange anticipation de la part d'un homme qui n'a pas connu l'horreur des camps d'extermination nazis ni la destruction des juifs, ni la guerre d'Algérie, ni celle du Vietnam, ni vu les dégâts de la bombe atomique en Asie, sans parler du génocide des Khmers rouges au Cambodge et celui des Tutsis au Rwanda... Et j'en passe. À croire que l'Histoire n'a fait que confirmer les tristes pressentiments de Freud.

> *« Pourquoi nous a-t-il fallu si longtemps avant de nous décider à reconnaître une pulsion d'agression, pourquoi n'avoir pas utilisé sans hésitation, pour la théorie, des faits qui sont exposés au grand jour et connus de tout le monde ? Sans doute se heurterait-on à peu de résistance si l'on voulait attribuer aux animaux une pulsion ayant un tel but. Mais l'accueillir dans la constitution humaine paraît sacrilège, cela contredit trop de postulats religieux et de conventions sociales. Non, l'être humain doit être, par nature, bon ou*

*du moins bienveillant. S'il se montre à l'occasion brutal, violent, cruel, ce sont là des perturbations passagères de sa vie affective (...) Malheureusement, ce que nous rapporte l'histoire et ce que nous avons vécu nous-même ne parle pas en ce sens... » — Sigmund Freud,* Nouvelles conférences d'introduction à la psychanalyse *(1933)*

Pour tout vous dire, ce n'est pas la seule chose que Freud ait présagée : la biologie confirmera aussi son idée des pulsions de mort en découvrant dans les années 2000 que chaque cellule qui nous compose possède la capacité de s'autodétruire en quelques heures, pour permettre le renouvellement organique. Si vous souhaitez approfondir le sujet, je vous conseille *La Sculpture du vivant*, un livre remarquable écrit par Jean-Claude Ameisen, médecin et biologiste qui, preuves scientifiques à l'appui, bouleverse toutes nos idées reçues.

## VOIR LA MORT AUTREMENT

Changer notre regard sur la mort, c'est précisément le combat de Freud. Mais pour cela, il faudrait déjà savoir ce qu'est la mort. Et le problème, c'est que nous n'en savons rien. Dans notre cerveau et dans notre inconscient, la mort n'existe pas, elle n'est pas représentée, on n'en a aucune image, aucune perception. Le vide absolu. Alors bien sûr, on sait que l'on va mourir un jour, que la nature est ainsi faite, que c'est la règle du jeu : on vit, on meurt... Mais on évite toujours de penser à sa propre mort, on finit même par l'oublier et se croire immortel.

*« Notre propre mort ne nous est pas représentable et aussi souvent que nous tentons de nous la représenter nous pouvons remarquer qu'en réalité nous continuons à être là en tant que spectateur. C'est pourquoi dans l'école psychanalytique on a pu oser cette déclaration : personne, au fond, ne croit à sa propre mort ou, ce qui revient au même : dans l'inconscient, chacun de nous est persuadé*

*de son immortalité. » — Sigmund Freud,* Considérations actuelles sur la guerre et sur la mort *(1915)*

Ne pas penser à sa mort revient à la nier. On refuse de lui donner la place qu'elle a. Freud va même plus loin : il considère que « nous tendons de toutes nos forces à écarter la mort, à l'éliminer de notre vie ».

Mais avec la guerre, il devient impossible de nier la réalité. La mort est bien là, on ne peut plus la tenir à l'écart, elle fait même cruellement partie du quotidien. Il faut s'y habituer, l'accepter : « Il est évident que la guerre balaie nécessairement cette manière conventionnelle de traiter la mort. La mort ne se laisse plus dénier ; on est forcé de croire en elle. Les hommes meurent réellement et non plus isolément mais en nombre, souvent par dizaines de mille en un seul jour. Et il ne s'agit plus de hasard », ajoute Freud.

Apprendre à considérer la mort pour mieux l'accepter, c'est le message que Freud souhaite transmettre. Mais rassurez-vous : ça n'a pas été facile pour lui non plus. Freud a passé sa vie à être obsédé par la mort : le décès de son père, la mort de sa fille, de son petit-fils, de sa mère... Toutes ces pertes l'ont profondément bouleversé au point de sombrer dans plusieurs dépressions et d'avoir des angoisses ingérables. À cela s'ajoute le fait que Freud est terriblement superstitieux. Il est persuadé de mourir à 63 ans et accable son entourage avec cette prédiction. Alors quand on lui découvre un cancer de la mâchoire, en 1923, Freud pense aussitôt que sa fin est proche : pétrifié, il consultera 143 fois son dentiste entre 1923 et 1924. Pourtant, il a coexisté plus de quinze ans avec son cancer, grâce à de multiples opérations et une prothèse à la mâchoire qui lui permettent de « mâcher, parler et fumer comme avant ! », écrit-il dans son journal intime.

Mais avec l'arrivée d'Hitler au pouvoir et l'invasion de l'Autriche par les nazis en 1938, Freud est contraint de quitter Vienne pour s'installer à Londres. Et là, il ne pourra pas déjouer la mort plus longtemps : en 1939 son cancer est devenu inopérable et Freud souffre d'affreuses douleurs. Lui qui se battait pour accepter la mort a finalement choisi de la contrôler : il avait fait promettre à son médecin de l'aider à mourir lorsqu'il serait en phase terminale. Quand ce jour arriva, Freud n'avait ni peurs ni angoisses ; ses découvertes étaient reconnues, son œuvre accomplie et il avait enfin la célébrité tant recherchée… Alors à quoi bon continuer de souffrir ? En pleine conscience de sa réalité, Freud meurt paisiblement le 23 septembre 1939, à 3 h du matin grâce à son ami le docteur Schur, qui lui a injecté un peu trop de morphine dans les veines.

> *« Rappelons-nous le vieil adage : si vis pacem, para bellum. Si tu veux maintenir la paix, sois toujours prêt à la guerre. Il serait temps de modifier cet adage et de dire : si vis vitam, para mortem. Si tu veux pouvoir supporter la vie, soit prêt à accepter la mort ! » — Sigmund Freud,* Considérations actuelles sur la guerre et sur la mort *(1915)*

## POURSUIVRE EN TÊTE À TÊTE AVEC FREUD :

S. Freud, *Notre relation à la mort : la désillusion causée par la guerre* – Plutôt que de lire des traités de psychanalyse, je vous propose la lecture de ce petit livre qui contient deux essais écrits quelques mois après le début de la guerre. Freud, chamboulé par les évènements, s'interroge sur la violence, l'agressivité des hommes pourtant civilisés, l'origine de la guerre et surtout notre rapport à la mort.

# *BLAISE PASCAL*

*1623-1662*

# TUER LE TEMPS POUR OUBLIER LA MORT

Pascal, c'est l'histoire d'un génie qui n'est pourtant jamais allé à l'école. Il naît à Clermont-Ferrand en 1623 et vit avec son père et ses deux sœurs (sa mère est morte quand il avait 3 ans). Comme son père est à la fois juriste et brillant mathématicien, il décide de se charger de l'éducation de ses enfants. Très vite, il découvre que son fils a un don inouï pour les mathématiques et la physique : Pascal est un enfant passionné par la connaissance, mais il est surtout obsédé par la vérité. Il lui est impossible d'admettre quelque chose sans le comprendre.

Sans grande difficulté, Pascal écrit son premier traité de mathématiques à 17 ans, et à 19 ans, il invente la première machine à calculer qu'il nomme la « Pascaline ». On lui doit aussi la méthode pour calculer la pression de l'air (hectopascal). Rien que ça. Néanmoins, même si son cerveau fonctionne plutôt très bien, son corps n'est pas en bonne santé : Pascal avoue ne pas avoir passé un seul jour de sa vie sans souffrir de maux de ventre et de migraines. Et cela dès son plus jeune âge sans que ses médecins puissent le soulager. Comme la médecine de l'époque n'y comprenait pas grand-chose, son père, pourtant rationnel, se résout à croire en une malédiction : une sorcière à qui sa femme aurait refusé l'aumône aurait jeté un sort au petit Blaise. Drôle d'histoire.

Mais n'ayez crainte : ses douleurs ne l'empêcheront pas pour autant de profiter de la célébrité que lui valent ses succès scientifiques. Pascal parade dans les soirées mondaines, à la Cour, toujours très bien entouré... Jusqu'à ce que ce petit monde lui use la santé et le moral. Puis arrive la nuit du 23 novembre 1654 : il fait l'expérience d'une illumination mystique, un moment bouleversant dans sa vie où, pendant quelques heures, il se sent touché par la grâce de Dieu. « Feu ! » s'écrie-t-il. Et ce feu, c'est précisément cette lumière divine qui le remplit de joie et va le conduire à se soumettre à Dieu. Folie ou véritable expérience divine ? Qu'importe. Ce qui est sûr, c'est qu'une deuxième vie commence pour Pascal, une deuxième vie loin de la vanité du monde, des conversations sans intérêt dans les salons et de l'orgueil mondain. Il consacre alors ses huit dernières années de vie à Dieu et à la défense du catholicisme (notamment du jansénisme, branche du catholicisme qui ne reconnaît que la doctrine de saint Augustin). Pascal troque alors sa blouse de scientifique pour s'installer dans l'abbaye de Port-Royal parmi les religieux.

Mais avec ce changement radical, Pascal se sent un peu perdu. Il a conscience de ses propres contradictions. Lui qui était scientifique et qui poursuivait une vérité rationnelle, comment peut-il admettre la foi sans réellement la comprendre ? Pour soulager ses tourments, il écrira : « C'est le cœur qui sent Dieu et non la raison. Voilà ce que c'est la foi. Dieu sensible au cœur, non à la raison » (Pensée 397). D'autant qu'au même moment, un nouvel évènement mystique se produit : sa filleule, qui souffrait d'une énorme pustule à l'œil depuis plusieurs années, est miraculeusement guérie après avoir touché la couronne du Christ.

Après ça, autant vous dire que Pascal ne se pose plus de questions, il croit même être le messager de Dieu et vit en totale soumission : il porte une ceinture de chasteté, se prive de tout et s'inflige lui-même des douleurs en pensant qu'elles pardonneront ses péchés commis dans sa première vie. Il passe alors les dernières années de sa vie à écrire ses *Pensées*, où il glorifie le christianisme et tente de convertir les âmes perdues. Malgré ses prières et sa dévotion, Dieu ne lui a pas laissé le temps d'achever son œuvre. Pascal meurt en août 1662, à 39 ans et ses *Pensées* seront publiées quelques années après sa mort.

Maintenant, vous vous demandez peut-être ce que peut nous apprendre sur l'existence un homme qui portait une ceinture de chasteté ? Eh bien, comme il se privait de tout sauf de penser, il a eu le temps de réfléchir à notre condition humaine. Ce qu'il découvre ne vous mettra pas en joie. Autant vous le dire : Pascal est un penseur très pessimiste. Mais comme il a reçu la lumière divine, il va pouvoir nous éclairer sur la tristesse de notre pitoyable existence. Et notre premier péché, c'est de chercher par tous les moyens à échapper à la mort.

## NOTRE EXISTENCE EST MISÉRABLE

Avant de revenir sur notre attitude face à la mort, il faut d'abord comprendre comment Pascal perçoit la condition humaine. Sans grande surprise, le tableau qu'il peint est tragique : nous sommes des êtres de misère. On est arrivés dans ce monde sans rien demander, on ne sait pas pourquoi on est là, ni pourquoi on vit dans telle ville ou à cette époque plutôt qu'une autre. On ne sait pas ce que l'on doit accomplir, ni comment agir. On a été jetés dans le monde, et on vit comme des naufragés.

> *« En voyant l'aveuglement et la misère de l'homme, en regardant tout l'univers muet, et l'homme sans lumière, abandonné à lui-même, et comme égaré dans ce recoin de l'univers, sans savoir qui l'y a mis, ce qu'il y est venu faire, ce qu'il deviendra en mourant, incapable de toute connaissance, j'entre en effroi comme un homme qu'on aurait porté endormi dans une île déserte et effroyable, et qui s'éveillerait sans connaître où il est, et sans aucun moyen d'en sortir. » — Blaise Pascal, Pensée 184 (1670).*

Pascal part du principe que lorsque l'homme s'amuse, profite des plaisirs de la vie en s'ignorant, il peut avoir l'illusion d'être heureux. En revanche, s'il se demande ne serait-ce qu'un instant ce qu'il est, il se rend alors compte qu'il est menacé par la maladie et par la mort, et là, il prend enfin conscience de son malheur. Il devient un naufragé de l'existence, avec pour seule certitude celle de mourir un jour. Notre misère vient donc de la précarité de notre existence, à savoir d'être mortels et de n'avoir nul autre choix que vivre dans un temps limité. Et face à cela, il n'y a rien à faire. Nous n'avons aucun pouvoir pour combattre notre condition, nous n'en sommes pas maîtres. Nous sommes des « hommes dans les chaînes, et tous condamnés à la mort », écrit Pascal (Pensée 405). Mais ça, on ne veut pas le voir pour ne pas se ruiner davantage le moral. Alors, plutôt que d'admettre la fragilité de notre existence et de voir la mort en face, on se méprend sur la réalité du monde. On saute pieds joints dans la bassesse.

> *« Nous souhaitons la vérité et ne trouvons en nous qu'incertitude. Nous recherchons le bonheur et ne trouvons que misère et mort. Nous sommes incapables de ne pas souhaiter la vérité et le bonheur et nous sommes incapables ni de certitude ni de bonheur. Ce désir nous est laissé, tant pour nous punir que pour nous faire sentir d'où nous sommes tombés. » — Blaise Pascal, Pensée 380 (1670).*

## NOUS SOMMES D'UNE BASSESSE DÉCONCERTANTE

Si l'homme n'avait eu comme malheur que sa condition de mortel, il aurait peut-être pu s'en sortir. Mais non. À la longue liste de nos défauts, Pascal ajoute la bassesse. Cette bassesse, c'est notre orgueil qui nous fait prétendre à une maîtrise absolue de notre existence. Vous savez, toutes les fois où nous nous sommes sentis maîtres de notre destin, eh bien, pour Pascal, c'est une preuve de notre bassesse. Lui-même se déteste d'ailleurs d'avoir joué au mondain et de s'être cru plus fort qu'il ne l'est. En réalité, ce qui est à l'origine de notre bassesse, c'est ce que Pascal appelle les « puissances trompeuses ». Il en distingue trois : l'imagination, la coutume et l'amour-propre.

D'abord, l'imagination est ce qui nous égare, ce qui nous empêche d'atteindre le vrai. Les peurs, les superstitions… tout cela est le fruit de l'imagination qui introduit sa fantaisie dans notre réalité et nous fait réagir à des choses qui n'existent pas. On a peur des fantômes, on se met à hurler alors que l'on sait pertinemment que les fantômes ne courent pas les rues. Voilà pourquoi Pascal nous dit que l'imagination est « maîtresse d'erreur et de fausseté ». Mais l'imagination ne concerne pas que nos peurs, elle est partout et fait de notre société une société d'illusions.

Nous jugeons d'après ce que nous voyons et ce que nous imaginons être, et non pour ce qui est réellement : par exemple, lorsque l'on croise un homme qui porte un costume à 3 000 €, de prime abord, on se dit que ce doit être quelqu'un de respectable, un homme qui a réussi, alors qu'il s'agit peut-être de la pire des crapules. Ainsi, nous jugeons selon les apparences, mais nous jouons nous-mêmes sur les apparences pour impressionner les autres, pour qu'ils pensent que l'on est ceci ou cela. Bref, on se fait tous duper par notre imagination lorsqu'elle dépasse notre raison.

Ensuite, il y a la coutume : il s'agit d'un comportement collectif, c'est-à-dire nos habitudes, nos traditions, nos mœurs… Pour Pascal, nos coutumes ne sont pas fondées. Pour comprendre, il prend l'exemple de la monarchie : « La coutume est de voir les rois accompagnés de gardes, de tambours, d'officiers et de toutes les choses qui ploient la machine vers le respect et la terreur. » (Pensée 23) Ce que Pascal dénonce ici, c'est l'automatisme de pensée qui nous conduit à associer royauté avec terreur et respect, comme si le roi était surpuissant. Tout cela n'est en réalité qu'une construction et non une vérité vraie.

Pour finir, la dernière puissance trompeuse qui détermine notre bassesse est l'amour-propre, au sens d'égoïsme. L'amour-propre se caractérise à la fois par notre perpétuelle envie d'avoir plus et toujours plus, cette convoitise trop excessive comme l'est la quête de la richesse, par exemple. Mais aussi par la recherche de la gloire, pour attiser l'admiration des autres. Notre orgueil nous pousse donc à nous mettre en scène, à ne montrer que nos bons côtés et à nous inventer une vie. Et quand on y réfléchit plus sérieusement, cet amour-propre n'est autre qu'un énorme mensonge aveuglant : on ment aux autres pour cacher notre misère, nos défauts et notre médiocrité.

> *« Nous ne nous contentons pas de la vie que nous avons en nous et en notre propre être. Nous voulons vivre dans l'idée des autres d'une vie imaginaire, et nous nous efforçons pour cela de paraître. Nous travaillons incessamment à embellir et conserver notre être imaginaire, et négligeons le véritable. (...) Grande marque du néant de notre propre être, de n'être pas satisfait de l'un sans l'autre, et d'échanger souvent l'un pour l'autre. » — Blaise Pascal, Pensée 662 (1670).*

Voilà, maintenant, vous savez exactement ce que pense Pascal de l'homme et de la condition humaine. Notre misère vient de notre ignorance, et notre bassesse vient du fait que nous sommes incapables d'atteindre la vérité. Et même si nous la cherchions, de toute façon, nous sommes le jouet des puissances trompeuses. S'ajoute à cela notre condition de mortels et la mort qui nous angoisse... Nous préférons donc oublier tout ça dans nos agitations dérisoires.

## DIVERTISSONS-NOUS

> *« Les hommes n'ayant pu guérir la mort, la misère, l'ignorance, ils se sont avisés, pour se rendre heureux, de n'y point penser. » — Blaise Pascal, Pensée 124 (1670).*

Le divertissement, c'est précisément le cœur du sujet. Chez Pascal, « se divertir » est synonyme de « se détourner » : de soi d'abord, de Dieu surtout. Il s'agit d'une amnésie volontaire de notre part, qui nous empêche de penser à l'essentiel, à savoir notre condition humaine. L'homme du divertissement est comme un somnambule qui cherche en permanence l'agitation et qui se croit heureux. Bien évidemment, tout cela ne dure qu'un temps car, un jour ou l'autre, le somnambule finit par se réveiller et comprendre qu'il va mourir. Eh oui, aussi belle et longue soit-elle, notre vie finit par s'achever et notre « dernier acte » est toujours « sanglant » : « On nous jette enfin de la terre sur la tête et en voilà pour jamais. » (Pensée 154) Je ne vous apprends rien, on sait tous que l'on va mourir, et Pascal ne cesse de le répéter. On ne veut juste pas l'admettre ni l'envisager. Alors en attendant, on préfère oublier en s'agitant car « la mort est plus aisée à supporter sans y penser. » (Pensée 128)

> *« La seule chose qui nous console de nos misères est le divertissement. Et cependant c'est la plus grande de nos misères. Car c'est cela qui nous empêche principalement de songer à nous, et qui nous fait perdre insensiblement. Sans cela, nous serions dans l'ennui, et cet ennui nous pousserait à chercher un moyen plus solide d'en sortir, mais le divertissement nous amuse et nous fait arriver insensiblement à la mort. » — Blaise Pascal, Pensée 393 (1670).*

Le divertissement est notre seule source de joie et notre seule consolation car il nous occupe l'esprit et nous évite de méditer sur le sens de notre vie. Ainsi, toutes les occupations auxquelles les hommes se livrent sont source de divertissement. Pour illustrer cela, Pascal prend des exemples de son temps : le jeu, la chasse, la guerre, les conversations des femmes, la danse, la science, la charge d'une fonction... Ajoutons de notre côté la télévision, le téléphone, l'ordinateur, les jeux vidéo, le jardinage, les soirées entre amis, le travail, etc. Bref, toutes nos occupations plus ou moins ordinaires. Et vu comme cela, vivre devient vite synonyme d'arrêter de penser.

Toutes nos actions nous donnent alors l'impression d'exister pleinement, et ça nous suffit. Mais ce n'est qu'une illusion car « nous courons sans souci dans le précipice après que nous avons mis quelque chose devant nous pour nous empêcher de le voir », nous dit Pascal (Pensée 155). Pas besoin de vous faire un dessin. Ce précipice, c'est la mort ; ce que l'on met devant nous, nos occupations. Le divertissement, c'est donc cette chimère qui nous détourne de la mort et nous empêche de la voir venir.

Rassurez-vous : là-dessus, on est tous pareils. Le divertissement n'épargne personne : riches, pauvres, forts ou faibles. Même le roi y est soumis : « Un roi sans divertissement est un homme plein de misères », écrit Pascal (Pensée 127). On pourrait croire que le roi est chanceux d'avoir des sujets qui agissent pour lui et lui permettent de se reposer, mais même pas ! Selon Pascal, le repos met l'homme face à lui-même, face à son vide intérieur. Il découvre alors l'ennui et plonge dans l'angoisse de la vie et le désespoir. Voilà pourquoi nous courons sans cesse et pourquoi nous avons toujours besoin d'agitation.

> *« De là vient que les hommes aiment tant le bruit et le remuement. De là vient que la prison est un supplice si horrible, de là vient que le plaisir de la solitude est une chose incompréhensible. » — Blaise Pascal, Pensée 126 (1670).*

Finalement, tout ce qu'on entreprend dans la vie, on ne le fait pas pour être heureux. Si on en croit Pascal, tout ce qui compte pour nous, ce n'est pas la satisfaction de nos désirs. Au contraire, ce qui nous anime, c'est le tracas. Pour mieux comprendre, Pascal prend l'exemple d'un homme qui chasse un lièvre. Si l'homme souhaite réellement manger du lièvre, il pourrait tout simplement aller chez le fermier du coin, pour en acheter un déjà cuisiné. Mais ce n'est pas le fond de son projet ! Ce qui intéresse cet homme, c'est l'action, c'est chasser, poursuivre le lièvre. Qu'il perde ou qu'il gagne, qu'il réussisse sa chasse ou non, là n'est pas la question : ce qui compte, c'est qu'il se sera diverti. Il aura oublié pendant un instant le tragique de sa condition. Et ainsi s'écoule notre vie.

## ALORS QUE FAIRE ? LE PARI DE PASCAL

Une fois que l'on sait que l'on est malheureux, vains et misérables, que le divertissement n'est autre qu'une fuite de soi qui ne dure qu'un temps (car, tôt ou tard, l'âge, la maladie et la mort nous rattrapent), que faire ? Que nous reste-t-il à espérer ?

Même si nous sommes tous condamnés à une existence misérable, Pascal distingue trois types d'hommes. D'abord, il y a l'homme qui se moque de Dieu autant que de lui-même : c'est l'homme du divertissement qui oublie sa misère en s'en détournant. Ensuite, il y a l'homme qui connaît la misère humaine mais qui se vante de la subir sans l'aide de Dieu : c'est l'athée. Et le meilleur pour la fin selon Pascal, l'homme qui connaît la misère et qui connaît Dieu : c'est le chrétien qui, grâce à sa foi, supporte sa misère.

Sans surprise, c'est à l'homme du divertissement et à l'athée que Pascal s'adresse dans ses *Pensées*, avec pour projet de les guider vers le chemin de l'Église. En effet, selon lui, notre seule grandeur dans ce bas monde est de faire bon usage de notre raison : ainsi, en ayant montré aux athées et aux ignorants à quel point leur condition est misérable sans la foi, il a espoir de leur faire changer d'avis. Eh oui, une vie de divertissement n'est qu'une vie de mensonges et de bonheurs éphémères, alors que Dieu lui-même est la vérité. Dieu seul peut nous sortir de notre misère en nous promettant une vie éternelle après la mort, nous dirait Pascal. Ainsi, il invite donc tous ses lecteurs égarés à faire comme lui : tirer un trait sur leur première vie de débauche, d'orgueil et de divertissement pour renouer avec Dieu, s'y soumettre afin d'être lavés de leurs péchés dans l'au-delà.

Mais pour ceux qu'il n'aura pas su convaincre à se convertir au christianisme, Pascal a encore une carte à jouer. Il est certes un peu illuminé, il se prend pour le messager de Dieu, mais Pascal n'est pas fou pour autant. Il sait bien que ses arguments ne sont pas convaincants pour un athée qui n'a pas été touché par la grâce. Et attendre une manifestation divine comme preuve… cela peut être très long. Alors Pascal leur propose un pari. Il explique que tout homme rationnel doit miser sur la foi et sur l'existence de Dieu. Selon lui, la mise n'est pas contraignante, il suffit de renoncer à certains petits plaisirs sur terre (le port de la ceinture de chasteté n'est pas nécessaire). Seul inconvénient : on ne saura si on a bien fait de parier que le jour de notre mort. Mais aucune inquiétude, nous dit Pascal, car si on perd, on ne perd rien, tandis que si on gagne, le gain sera le bonheur éternel après la mort. Autrement dit, avec ce pari, on n'a rien à perdre mais tout à gagner. Maintenant, à vous de voir si le jeu en vaut la chandelle.

> *« Examinons donc ce point, et disons : Dieu est ou il n'est pas ; mais de quel côté pencherons-nous ? (...) Pesons le gain et la perte en prenant croix que Dieu est. Estimons ces deux cas : si vous gagnez, vous gagnez tout, si vous perdez, vous ne perdez rien ; gagez donc qu'il est sans hésiter. » — Blaise Pascal, Pensée 397 (1670).*

## POURSUIVRE EN TÊTE À TÊTE AVEC PASCAL :

B. Pascal, *Pensées* – Si le fanatisme religieux de Pascal peut gêner certains, fuir la lecture des *Pensées* serait une erreur ! Sa plume est d'une telle force qu'il est impossible de ne pas être secoué par la qualité de son raisonnement. Les phrases de Pascal sont de celles qu'on lit une fois et qui restent en tête pendant des années. Allez donc picorer dans ses *Pensées* !

# ÉPICURE

*-341-270 av. J.-C.*

# CRAINDRE LA MORT… À QUOI BON ?

Épicure, c'est l'histoire d'un philosophe grec qui n'avait pas très bonne réputation dans l'Antiquité. Et pour ne rien vous cacher, ça ne s'est pas vraiment amélioré aujourd'hui. Il est considéré comme le philosophe du plaisir : alors si vous êtes un bon vivant, gourmand et ne dites jamais non à un verre de vin, vous aurez sûrement droit au qualificatif d'« épicurien » de la part d'un proche mal informé. En réalité, Épicure est loin d'être le philosophe débauché qui plane dans l'imaginaire collectif.

Il naît en 341 av. J.-C. sur l'île de Samos et meurt en 270 av. J.-C. à Athènes. On en sait très peu sur sa formation, si ce n'est qu'il a étudié la physique grâce à Démocrite. Quant à sa vocation de philosophe, elle lui vient vers 14 ans, et d'après la légende, Épicure était un élève exigeant. On raconte qu'il n'était jamais satisfait des réponses de son maître quand il le questionnait sur le monde, alors il a préféré philosopher seul de son côté, et créer sa propre pensée. Certains lui reprocheront d'ailleurs de s'en vanter lorsqu'il prétend n'avoir eu d'autre maître que lui-même.

Après quelques années d'errance philosophique dans différentes cités, Épicure s'installe à Athènes où il achète un jardin. Ce Jardin, c'est à la fois sa maison et le nom de son école philosophique qu'il crée en 306 av. J.-C. à l'âge de 35 ans. À cette époque, plusieurs écoles de philosophie sont en concurrence : on trouve le Lycée d'Aristote et le Portique de Zénon de Citium, l'école des stoïciens. Toutes ces écoles s'opposent et prônent des philosophies de vie différentes. Dans le Jardin, on vit plutôt bien, c'est un lieu de recueillement où Épicure et ses amis vivent et philosophent loin de la Cité pour préserver leur tranquillité d'âme. Mais voilà, il se trouve qu'Épicure a également décidé d'ouvrir son Jardin aux femmes, et, bien évidemment, l'atmosphère confidentielle du Jardin éveille l'imagination de ses adversaires. Les critiques pleuvent : on le traite de pervers et on l'accuse de côtoyer des prostituées. Pas facile, la parité, devait-il penser. Bon, même s'il y a du vrai dans ce que je vous raconte, vous comprenez pourquoi l'épicurien a mauvaise réputation : c'est celui qui se cache dans son jardin, qui recherche le plaisir entouré de femmes ou d'hommes et qui mène une affreuse vie de luxure.

Malgré ses prétendues occupations indécentes, Épicure trouve quand même le temps d'écrire, et il écrit beaucoup. On mentionne une quarantaine d'ouvrages, dont une grande partie a été perdue et brûlée dans l'éruption du Vésuve en 79 ap. J.-C. Heureusement pour nous, tout n'a pas été réduit en cendres. Épicure rédige aussi des lettres qui résument ses doctrines. Elles sont destinées à ses disciples qui ont pour mission de transmettre sa philosophie aux générations suivantes. Et en dépit des apparences, la philosophie d'Épicure plaît et va même s'étendre après sa mort, jusqu'à Rome, grâce au poète Lucrèce qui se présente comme le porte-parole de l'épicurisme. Si la philosophie d'Épicure séduit autant, ce n'est pas seulement pour sa légèreté, c'est aussi parce qu'elle peut être un véritable guide thérapeutique. Sa célèbre ***Lettre à Ménécée*** en est l'exemple : elle nous oriente vers le bonheur et guérit notre âme de toutes nos peurs infondées, notamment celle de la mort. On pourra reprocher tout ce que l'on veut à Épicure, il n'empêche que sa philosophie est accessible et pratique. Elle soulage, et surtout elle écarte d'un revers de la main notre peur de la mort.

## LA MAUVAISE RÉPUTATION

Comme je vous le disais, pas facile de s'appeler Épicure. Nietzsche écrivait d'ailleurs dans ***Humain trop humain*** : « Épicure a vécu de tous temps et il vit encore, inconnu à ceux qui s'appelaient ou qui s'appellent épicuriens, et sans réputation auprès des philosophes. Aussi a-t-il oublié lui-même son propre nom : c'était le plus lourd bagage qu'il ait jamais jeté loin de lui. » Pourtant, son nom est quelque peu évocateur : en grec, « Epikouros » signifie celui qui vient en aide aux autres. Et si on en croit ses adorateurs, c'est bien ce qu'il a fait. Beaucoup le considèrent comme le libérateur d'une humanité et d'une société malades qu'il a su guérir grâce à sa doctrine. Mais pour comprendre, remettons tout cela dans le contexte.

À l'époque d'Épicure, la situation politique de la Grèce est une catastrophe : c'est la fin du règne d'Alexandre Le Grand et ses généraux se disputent violemment l'héritage de l'Empire. La démocratie n'est plus, les guerres se multiplient. Épicure assiste à la décadence politique de son pays et voit les comportements changer. Avant, le citoyen était au cœur de la cité et s'occupait des problèmes collectifs ; avant le philosophe cherchait un moyen de parvenir à un bonheur à la fois collectif et individuel pour améliorer la vie de la Cité... Mais tout cela a disparu. Désormais, c'est l'individualisme qui est maître, le collectif ne compte plus. Alors, comment le philosophe peut-il s'adresser à la Cité si la Cité se désagrège ? Les philosophes délaissent donc de plus en plus les questions politiques et se concentrent sur une nouvelle philosophie adaptée au contexte de l'époque. Voilà comment vont naître les différentes écoles de philosophie (le Lycée, le Portique et le Jardin), qui enseignent, chacune à sa manière, leur chemin du bonheur.

Pour Épicure, le bonheur est dans son Jardin, c'est-à-dire entouré d'une petite communauté, loin de la Cité et à l'écart des foules car le sage ne fait pas de politique (contrairement à ce que pensent Platon et Aristote). Il résume d'ailleurs cela à travers sa formule « Cache ta vie », qu'il enseigne à ses disciples. Cacher sa vie, c'est se désengager de la politique, fuir la conquête du pouvoir et le tumulte de la guerre, mais c'est aussi se tenir à l'écart pour préserver sa paix intérieure et pouvoir être heureux. Bien évidemment, les adversaires d'Épicure ont vu en son « Cache ta vie » un message immoral qui incite à fuir et s'isoler de la Cité pour profiter des plaisirs obscènes en toute impunité. Décidément, Épicure a du mal à se faire comprendre.

## LE PLAISIR COMME PHILOSOPHIE

Tous les philosophes recherchent le bonheur. Et pour Épicure, le bonheur se trouve dans le plaisir, puisqu'il est selon lui le centre de la vie. Toutes nos actions montrent que l'on aime et que l'on recherche le plaisir : si on n'avait aucun plaisir à manger du chocolat, on n'en mangerait pas ; si on n'avait aucun plaisir à se reproduire, on ne ferait plus l'amour. Bref, nous vivons pour le plaisir, et lorsqu'il est absent, nous ne restons pas longtemps dans l'angoisse et la douleur, nous cherchons aussitôt un petit plaisir pour nous sortir la tête de l'eau. « Voilà pourquoi nous disons que le plaisir est principe et fin de la vie bienheureuse », affirme Épicure. Sa doctrine est donc simple. D'un côté il y a la douleur et de l'autre le plaisir, et nous, nous ne cherchons que le plaisir car lui seul nous rend heureux.

Pour autant, Épicure est très clair : tous nos désirs ne sont pas bons pour nous. « Quand donc nous disons que le plaisir est la fin, nous ne parlons pas des plaisirs des débauchés ni de ceux qui consistent dans les jouissances (...) mais du fait, pour le corps, de ne pas souffrir et, pour l'âme, de ne pas être troublée. » Et pour que notre âme ne soit pas troublée, il faut apprendre à choisir ses désirs. Épicure se lance alors dans une classification des désirs : il appelle les désirs bons pour nous les « désirs naturels » et les mauvais désirs sont les « désirs vains ». Les désirs naturels sont tous les désirs qui nous apportent le bonheur de l'âme (l'ataraxie), la tranquillité du corps, mais aussi la nourriture et le sommeil, ainsi que tout ce qui nous est agréable. En revanche, les désirs vains sont nocifs pour nous car ce sont des désirs artificiels (la gloire, la richesse) ou irréalisables (le désir d'immortalité, par exemple). Ainsi, Épicure ne recommande pas à ses disciples de se laisser aller au premier désir venu. Il prône au contraire une véritable discipline des désirs, en affirmant que si on ne modère pas ses désirs, on sera forcément malheureux. En ce sens, les épicuriens n'ont rien des débauchés auxquels on les assimilait vulgairement dans l'Antiquité.

> *« En effet, ce n'est ni l'incessante succession de beuveries et des parties de plaisir, ni les jouissances que l'on trouve auprès des jeunes garçons et des femmes, ni celles que procurent les poissons et tous les autres mets qu'offre une table abondante, qui rendent la vie agréable : c'est un raisonnement sobre, qui recherche la connaissance exacte des raisons de tout choix et de tout refus, et qui rejette les opinions à partir desquelles une extrême confusion s'empare des âmes. » — Épicure,* Lettre à Ménécée.

À cette modération des désirs, Épicure ajoute une qualité dont nous devons faire preuve : la prudence. Cette vertu consiste à calculer les conséquences de nos désirs, à les anticiper pour savoir les plaisirs ou les peines qui en résulteront. Faire preuve de prudence, c'est par exemple ne pas manger cinq parts de gâteau au chocolat le midi, si vous avez prévu de manger une énorme raclette le soir. Certes, vous serez content de vous être joyeusement goinfré, mais votre estomac n'aura pas autant de plaisir que vous à tout digérer. Il faut donc choisir intelligemment ses désirs, les réfléchir, en privilégier certains plus que d'autres car tous nos désirs n'apaisent pas forcément notre corps ni notre esprit. Certains peuvent même nous rendre très malheureux…

## PRENDRE SOIN DE SON ÂME

Alors comment conserver cet apaisement et notre plaisir de vivre ? Comment éviter la souffrance ? La réponse d'Épicure est simple : grâce à la philosophie. En cas de problème, seule la philosophie peut diagnostiquer nos peines et nous aider à en guérir. Philosopher, c'est donc penser juste de manière que nos actions soient en accord avec la vie heureuse que l'on cherche à mener. C'est comme cela que l'on supprimera nos troubles de l'âme et nos petits malheurs.

> *« Qu'on ne remette pas la philosophie à plus tard parce qu'on est jeune, et qu'on ne se lasse pas de philosopher parce qu'on se trouve être vieux. Il n'est en effet, pour personne, ni trop tôt ni trop tard lorsqu'il s'agit d'assurer la santé de l'âme. » — Épicure,* Lettre à Ménécée.

La santé de l'âme, c'est précisément le cœur du bonheur pour Épicure. Il ne suffit pas d'avoir un corps en bonne santé pour être heureux, il faut aussi avoir l'âme apaisée et l'esprit serein. Car il n'y a pas que les maladies du corps qui nous empoisonnent l'existence, il y a aussi nos craintes, nos angoisses, nos peurs… Toutes ces idées fausses qui nous empêchent d'avancer. Et le plus fou dans tout cela, c'est que bien souvent, nous créons nous-mêmes nos angoisses avec notre imagination débordante, ou alors ces craintes nous ont été transmises depuis notre plus jeune âge et nous n'avons jamais su nous en défaire. Alors à la longue, toutes nos croyances, nos superstitions, notre rapport imaginaire face à la mort et à la souffrance, notre peur du temps qui passe… tout cela devient un véritable poison. Voilà pourquoi Épicure nous invite à philosopher : pour détruire nos idées fausses par la connaissance du vrai. Prenons l'exemple de celui qui a peur du temps qui passe et qui souffre de ne pas pouvoir vivre 1500 ans. Lorsqu'il comprend que son désir d'immortalité est totalement vain, ridicule et irréalisable, il entre dans la connaissance du vrai en acceptant sa condition de mortel (même si cela peut prendre du temps). Et de ce fait, il ne se rendra plus malade avec de fausses idées car la connaissance du réel et la modération de ses désirs l'auront délivré de sa souffrance. Et c'est pareil pour toutes nos petites peines ! On peut toutes les dissiper si on fait l'effort de penser vrai et si on désire correctement.

Ainsi, l'homme qui se livre à la philosophie comprend qu'il peut exercer un pouvoir sur lui-même et qu'il n'est pas condamné à vivre avec du poison dans la tête ni dans le cœur. Il reprend le contrôle de sa vie et se guérit lui-même avec des idées vraies. C'est donc en cela que la philosophie est thérapeutique : elle permet de comprendre, elle apaise et surtout elle nous libère de nos peurs et nos craintes infondées qui gâtent notre vie.

## EN FINIR AVEC LA PEUR DE SOUFFRIR

S'il y a des croyances à éradiquer, ce sont bien celles qui concernent la mort. Dans l'imaginaire collectif, on craint la mort parce que l'on a peur du néant, on a peur de cet au-delà mystérieux qui nous promet soit le paradis, soit l'enfer. On a même peur de se faire dévorer par des asticots. Mais bien souvent, derrière cette peur de la mort, se cache la peur de souffrir. On s'imagine alors que la mort est forcément accompagnée d'affreuses douleurs. D'ailleurs, le cinéma ne se prive pas de nous montrer de longues scènes de souffrance et d'agonie sur grand écran. On craint alors l'idée d'éprouver sa mort, et d'en souffrir.

Certes, la douleur est inévitable. On a tous souffert un jour et on souffrira encore, la maladie est un phénomène naturel contre lequel on ne peut rien. Néanmoins, Épicure déclare qu'il est inutile d'anticiper nos douleurs futures, et notamment celles liées à la mort. Penser à cela n'a aucun intérêt, si ce n'est nous torturer l'esprit et faire grandir nos peurs.

L'épicurien, lui, ne craint pas la douleur. Il a appris à l'endurer grâce à deux méthodes. La première consiste à se convaincre que la douleur est supportable. Même les douleurs les plus intenses le sont car elles ne durent pas longtemps, elles conduisent soit à l'évanouissement du corps soit à la mort. Et dans les deux cas, on ne souffre plus. La deuxième méthode, c'est celle qu'Épicure a utilisée avant de mourir. Lui qui a passé sa vie souffrir de sa maladie écrit, dans sa ***Lettre à Idoménée***, que son dernier jour est « bienheureux » et qu'il supporte ses douleurs avec joie grâce « aux souvenirs de leurs conversations passées ». En ce sens, le sage pourrait affronter n'importe quelle douleur uniquement grâce au pouvoir de son cerveau. Il suffirait alors de se remémorer de jolis souvenirs pour atténuer et combattre la douleur. Un peu comme une technique mentale de diversion.

Par conséquent, si on en croit les épicuriens, il ne faut donc pas craindre la douleur. Non pas que la douleur corporelle n'existe pas, (au contraire, elle est naturelle et inévitable), mais parce que face à elle, le sage n'est pas totalement désarmé. En choisissant de repenser à ses plaisirs passés, il exerce un contrôle sur sa douleur et évite qu'elle se propage aussi dans son esprit. Ainsi, seul son corps souffre tandis que son esprit se retrouve apaisé grâce aux pensées positives qu'il s'envoie. Bien entendu, il ne s'agit pas ici de valider ou non la méthode d'Épicure. Ce qu'il faut retenir, c'est que nous sommes tous capables de supporter la douleur en cas de maladie ou d'accident. Arrêtons donc d'avoir constamment peur de souffrir, d'autant plus qu'aujourd'hui les antalgiques existent.

## INUTILE D'AVOIR PEUR DE LA MORT

Même en sachant que la douleur est supportable, la peur de mourir ne disparaît pas en un claquement de doigts. Mais rassurez-vous : Épicure a résolu ce problème. D'abord, pour vaincre notre peur de la mort, il faut commencer par y penser souvent et se répéter en boucle : « La mort n'est rien pour nous. » Inutile alors de faire l'autruche en se croyant immortel ; nous devons voir la mort en face. Lorsqu'il affirme que la mort n'est rien pour nous, cela ne veut pas dire que la mort ne nous touche pas ou qu'elle ne nous fait pas peur, mais plutôt qu'elle ne nous concerne pas physiquement et que nous ne devrions pas la craindre.

> *« Accoutume-toi à considérer que la mort n'est rien pour nous, puisque tout bien et tout mal sont contenus dans la sensation ; or la mort est la privation de sensation. Par la suite, la sûre connaissance que la mort n'est rien pour nous fait que le caractère mortel de la vie est source de jouissance, non pas en ajoutant à la vie un temps illimité, mais au contraire en la débarrassant du regret de ne pas être immortel. » — Épicure,* Lettre à Ménécée.

J'explique : Épicure part du principe que la sensation est le critère de notre existence. Autrement dit, on sait que l'on est en vie parce que l'on ressent le plaisir, la douleur, un rayon de soleil sur notre visage, etc. En revanche, il définit la mort comme « la privation de sensation », c'est-à-dire lorsque l'on ne ressent plus rien. De ce point de vue, la mort n'est donc rien pour nous car on ne peut pas la vivre, ni la ressentir ! Quand on vit, la mort n'existe pas, et quand la mort arrive, nous n'existons plus puisque l'on ne ressent plus rien ! Alors pourquoi craindre ce que l'on ne pourra jamais ressentir ? Tout cela est absurde d'après Épicure.

> *« Ainsi, le plus effroyable des maux, la mort, n'est rien pour nous, étant donné, précisément, que quand nous sommes, la mort n'est pas présente ; et que, quand la mort est présente, alors nous ne sommes pas. Elle n'est donc ni pour les vivants ni pour ceux qui sont morts, étant donné, précisément, qu'elle n'est rien pour les premiers et que les seconds ne sont plus. » — Épicure,* Lettre à Ménécée.

Pour Épicure, la mort n'est donc rien d'autre qu'un évènement physique comme les autres. On vit, on meurt et on disparaît. Alors à ceux qui pensent que leur âme subsistera après leur mort, Épicure, qui est fondamentalement matérialiste, affirme le contraire : selon lui, notre âme est faite de particules physiques (atomes) comme notre corps. En ce sens, l'âme est mortelle au même titre que le corps. Mais si on creuse un peu, cela veut aussi dire que si rien de ce que nous sommes ne survit à la mort, l'homme n'a donc plus à craindre : ni les dieux, ni l'enfer, ni le poids de son âme sur la balance du Jugement dernier...

Bien évidemment, avec une telle affirmation, Épicure va à l'encontre de toutes les croyances religieuses de son temps. Et là encore, il ne se fait pas que des amis. Mais qu'importe, c'est le prix à payer pour vivre en homme libre et délivré de ses fausses croyances ! L'épicurien est à la fois celui qui jouit des plaisirs et celui qui n'a plus peur ni de la souffrance, ni des dieux ni de la mort. Il vit comme un dieu au milieu des hommes. Alors, pour y parvenir, il faut chaque jour avoir un peu moins peur de la mort. Il faut se rappeler que « la mort n'est rien pour nous » car nous n'en souffrirons pas, pour la simple et bonne raison que pour souffrir, il faut vivre (et donc ressentir la souffrance). Mais le truc génial, c'est que l'on ne peut pas vivre et mourir en même temps. Soit on est vivant, soit on est mort ; soit on sent quelque chose, soit on ne sent rien. C'est aussi simple que ça. Alors soyez-en sûr : quand la mort arrivera, vous n'existerez plus, vous ne ressentirez plus rien et vos atomes seront déjà disséminés. Craindre la mort, c'est donc souffrir pour rien.

## POURSUIVRE EN TÊTE À TÊTE AVEC ÉPICURE :

Épicure, ***Lettre à Ménécée*** – Ce tout petit livre est un véritable médicament. Il apaise, il soulage, il détend : il aide à vivre sans craindre la mort. À lire et à relire.

# MARTIN HEIDEGGER

*1889-1976*

# REMETTRE LA MORT À SA PLACE

Heidegger, c'est l'histoire du philosophe allemand le plus controversé du XXe siècle. Certains le considèrent comme un génie, d'autres moins. Par de nombreux témoignages, on a cherché à le comprendre. Sa vie, ses actes ont été racontés, discrédités, réhabilités puis salis à nouveau. Heidegger fait partie de ces gens à qui la vie n'appartient plus vraiment. Elle a été trop racontée, voire fabulée.

Ce qui est sûr, c'est que nous ne savons pas tout : les zones d'ombre demeurent, et sa vie conserve encore une grande part de mystère. Mais avant d'en arriver là, le petit Heidegger est plutôt un enfant modèle. Il naît en 1889, à Messkirch, où il passera son enfance et se fera enterrer. Il grandit dans un univers religieux, son père tonnelier est aussi maître sacristain à l'église du village. Avec ses deux frères, Heidegger y est même enfant de chœur. On raconte qu'il est timide, qu'il bégaie en public. Mais aussi qu'il est surdoué. Comme ses parents ont peu de moyens pour financer ses études, c'est l'église qui le fera.

Le prêtre du village est plutôt fier de contribuer à la réussite de l'enfant du village. Heidegger commence par étudier la théologie. Il voulait devenir prêtre mais, très vite, il oublie cette idée en se découvrant une nouvelle passion : la philosophie. Il lit énormément tout en poursuivant des études de sciences naturelles, de mathématiques, de physique et de chimie. Rien que ça. Tout a bien failli s'arrêter quand la guerre éclate, en 1914. Heidegger est appelé à son devoir de citoyen, mais sera aussitôt réformé à cause de ses problèmes cardiaques. Il continue donc ses études, et en profitera même pour se marier, en 1917, avec Elfriede, une jeune étudiante en économie avec laquelle il aura deux enfants, Jörg et Hermann, qui s'occupent aujourd'hui de la diffusion des œuvres de leur père.

Après avoir été l'assistant d'Edmund Husserl, dont il est le disciple, Heidegger finit par prendre son envol et devenir à son tour professeur de philosophie. Ses cours plaisent, il devient célèbre. Et la publication de son ouvrage ***Être et Temps***, en 1927, renforce son succès. Les questions qu'Heidegger pose concernent l'existence : qui suis-je ? Pourquoi suis-je né et pourquoi suis-je condamné à mourir ? Sur ces grandes préoccupations humaines, sa pensée est nouvelle et Heidegger commence petit à petit à devenir influent. Puis arrive l'année 1933 : le début de la déroute. On lui propose un poste de recteur à l'université de Fribourg. Il accepte, il est élu mais pour cela, il doit prêter allégeance au parti politique de l'époque : le NSDAP, à savoir le parti nazi d'Adolf Hitler.

Dans son « Discours du rectorat » de mai 1933, Heidegger fait profession de foi envers Hitler et l'État national-socialiste. Il sera même adhérent au parti nazi de 1933 à 1945, croyant que cela l'aiderait à accomplir son grand projet : réformer l'université allemande qui est selon lui trop cloisonnée. Bien évidemment, il n'en fut rien. Ses collègues, des fonctionnaires nazis, se sont chargés de tout verrouiller afin que l'université ne soit qu'au service du pouvoir. Face à son impuissance, Heidegger démissionne dix mois après. Il sera alors surveillé par les nazis, ses livres seront retirés du commerce, sa pensée trop complexe pour eux sera jugée inutile et on fera de lui un penseur illuminé. Heidegger quitte la ville, il lui est interdit d'enseigner de 1945 à 1951. Il se concentre alors à la préparation de ses œuvres complètes, avant de mourir le 26 mai 1976, à l'âge de 86 ans.

Pour autant, sa mort n'a pas apaisé les polémiques sur son pacte avec le nazisme. Aujourd'hui encore, son nom est calomnié. Sa philosophie aussi. Heidegger divise et deux camps s'affrontent : ceux qui voient son adhésion au parti nazi comme une faiblesse de sa part et qui refusent de juger ses actes de 1933 au regard de ce qu'ils savent aujourd'hui des évènements. Et puis il y a ceux pour qui Heidegger partage et prône l'idéologie nazie dans ses écrits.

Pour ces derniers, il y aurait deux manières de lire Heidegger : une lecture en surface, et une lecture en profondeur qui révèlerait des pensées obscures et pas très estimables. Le débat est encore vif, le sujet épineux et tout cela fait couler beaucoup d'encre. Concernant les faits, tout ce que je peux vous dire, c'est qu'Heidegger était un fin lecteur de ***Mein Kampf***. Il vantait l'instinct politique d'Hitler même s'il a confessé avoir commis « la plus grande erreur de sa vie » en prenant sa carte au parti nazi. Quant à l'extermination des Juifs, il n'en dira pas un mot. Voilà donc, en quelques lignes, le portrait de l'homme considéré comme le plus grand penseur du XXe siècle. On peut néanmoins déplorer son manque de clairvoyance sur le tragique de son époque et la défaillance de son anticipation. Lui qui analyse le quotidien, l'existence et la mort avec une telle lucidité en a pourtant manqué au cours de sa propre vie. Que voulez-vous ? Il arrive parfois que certains hommes ne soient pas à la hauteur de leurs œuvres. C'est comme ça.

## HOMME = SOUCI

Si la philosophie d'Heidegger est connue pour être complexe, sa pensée ne l'est pas nécessairement. Dans ***Être et Temps***, Heidegger dit des choses d'une extrême banalité, il parle de notre quotidien, de notre rapport au temps, de nos relations avec autrui, de la mort... Alors si on s'accroche un peu, ce n'est pas si compliqué que ça. En revanche, ce qui rend la lecture difficile, c'est la traduction. Heidegger est Allemand, il écrit en allemand et l'allemand est une langue riche qui se prête à la création de concepts. Et les philosophes adorent les concepts. Mais le problème pour nous, c'est que ces concepts se traduisent en français par plusieurs mots au lieu d'un seul. Prenons par exemple le concept fondamental chez Heidegger : le Dasein. On le traduit en français par « être-là », ou « être-le-la ». Et des mots à rallonge entrecoupés de traits d'union, chez Heidegger, on en trouve beaucoup.

Mais restons concentrés sur le Dasein ou le « être-là ». Il s'agit de l'être existant que nous sommes, c'est-à-dire le sujet qui a conscience de son existence. Et pour Heidegger, le Dasein, l'homme a plusieurs caractéristiques dont deux majeures. D'abord, l'homme est temps. Dès que l'on naît, on est plongé dans une temporalité. On sait qu'entre notre naissance et notre mort, nous avons du temps, mais nous ne savons pas combien. Ensuite, le Dasein est souci. Nous sommes souci. Si on passe sa vie à se faire du souci, ce n'est donc pas pour nous torturer l'esprit, mais bel et bien parce que le souci est en nous, il fait partie de nous. On se soucie de réussir sa vie, de ne pas avoir de regrets, on se soucie de ce que les autres pensent de nous, on se soucie de la santé d'un proche… Notre vie entière est un souci. Et pour illustrer son propos, Heidegger reprend une fable du poète latin Hygin :

> *« Un jour qu'il traversait le fleuve, le « souci » vit de la terre glaise : il en prit en songeant un morceau et se mit à le modeler. Tandis qu'il est tout à la pensée de ce qu'il avait créé, survient Jupiter. Le « souci » le prie d'insuffler l'esprit au morceau de glaise ainsi modelé. Jupiter l'accorde volontiers. Mais le « souci » voulant alors attribuer son nom à la statue, Jupiter s'y opposa et réclama qu'il portât le sien. Tandis que le « souci » et Jupiter se disputaient pour le nom, la Terre se souleva à son tour et exprima le désir que la statue reçoive son nom : c'est quand même elle qui l'avait dotée d'une part de son corps. Les parties en présence en appelèrent à l'arbitrage de Saturne. Et Saturne rendit la décision suivante qui leur sembla équitable : « Toi, Jupiter, puisque tu lui as donné l'esprit, c'est l'esprit que tu auras à sa mort, toi, la Terre, puisque tu lui as donné corps, c'est le corps que tu recevras. Mais parce que le « souci » a tout d'abord modelé cet être, qu'il le possède tant*

*qu'il sera en vie. Quant au nom, puisque c'est pour lui qu'il y a litige, qu'il s'appelle « homo » car il a été fait avec de l'humus (terre). » — Martin Heidegger,* Être et Temps, *(1927).*

Mais attention, le souci n'est pas à comprendre ici comme une inquiétude permanente qui tournerait en boucle dans notre tête. Pour être bien clair, Heidegger en distingue deux formes : le souci comme préoccupation de nos activités, nos tâches et le souci pour autrui. Prenons l'exemple d'un chauffeur de taxi : il se préoccupe de sa voiture, du prix de l'essence et de l'assurance, de sa licence, de l'état de la circulation et, bien évidemment, il se préoccupe de conduire son client au bon endroit et en un seul morceau. Ainsi, le souci représente notre monde, et toutes les préoccupations du chauffeur de taxi représentent donc son monde à lui.

Face à ce constat, Heidegger pointe du doigt notre plus grand paradoxe : le souci est ce qui nous constitue au plus profond de nous-mêmes, pourtant, nous passons notre temps à le fuir en cherchant l'insouciance.

## L'INSOUCIANCE DANS UNE VIE INAUTHENTIQUE

Notre quotidien est une quête d'insouciance. Heidegger affirme que dans notre existence quotidienne, nous œuvrons pour ne surtout pas nous retrouver en tête à tête avec nos soucis. Et comment ? En nous occupant l'esprit, en remplissant notre vie et notre temps d'activités qui nous divertissent, comme le dit Pascal. Plus on se construit un emploi du temps chargé, plus on a l'impression d'avoir une vie palpitante, plus on est heureux. Si c'est ce que vous pensez, eh bien Heidegger nous dit le contraire. Vivre ainsi, c'est mener une vie inauthentique ou impropre, selon les traductions.

Pour faire simple, Heidegger part du principe que le Dasein peut vivre selon deux modes : une vie authentique et une vie inauthentique (propre ou impropre). Et, bien souvent, nous vivons dans l'inauthenticité. C'est, pour Heidegger, le mode de vie le plus fréquent, à savoir vivre dans ce qu'il appelle la quotidienneté. Le seul hic, c'est que dans notre quotidien, on passe du « être-là » (le propre du Dasein, avoir conscience de soi et de son existence) au « être-au-monde », autre concept à traits d'union qui signifie être toujours préoccupé : aller au travail, cuisiner, s'occuper des enfants, faire du sport, recevoir des amis…

Tout cela nous amène à nous soucier de ce que l'on fait plutôt que de ce que l'on est. Vivre de manière inauthentique, c'est oublier que nous sommes autre chose que ce que l'on fait. C'est aussi oublier de se poser des questions sur soi-même pour ne surtout pas se confronter à notre vide intérieur qui nous apporterait davantage de soucis et d'angoisses. C'est pourquoi nous préférons faire, agir dans notre vie de tous les jours plutôt que d'être. Mais là-dessus, Heidegger va plus loin. Pour lui, ce qui bien souvent nous empêche d'être authentiques, ce sont les autres, c'est le groupe. La société a établi un milliard de règles, de normes que nous nous entêtons à appliquer pour être comme tout le monde, et c'est malheureusement ce qui nous fait perdre ce que nous avons d'authentique en nous.

> *« Nous nous amusons, nous nous distrayons, comme on s'amuse ; nous lisons, nous voyons, nous jugeons de la littérature et de l'art, comme on voit et comme on juge ; et même nous nous écartons des « grandes foules » comme on s'en écarte ; nous trouvons « scandaleux » ce que l'on trouve scandaleux. Le « On » qui n'est personne de déterminé et qui est tout le monde, bien qu'il ne soit pas la somme de tous, prescrit à la réalité quotidienne son mode d'être. (…) Le « On » se mêle de tout, mais en réussissant toujours à se dérober si l'être-là est acculé à quelque décision. » — Martin Heidegger,* Être et Temps, *(1927).*

## LA DICTATURE DU « ON »

Ce pouvoir, cette emprise qu'a la société sur nous, Heidegger l'appelle la dictature du « on ». En analysant notre quotidien, il réalise que le Dasein est « sous l'emprise des autres » et qu'« il n'est pas lui-même ». Notre moi est étouffé par le groupe. C'est la raison pour laquelle il est si difficile d'être soi-même, si difficile de refuser d'entrer dans les cases prédéfinies par la société. Regardez ceux qui osent s'en affranchir et vous verrez qu'ils sont aussitôt catégorisés de marginaux, simplement parce qu'ils ne vivent pas comme « on » vit, parce qu'ils ne pensent pas comme « on » pense ou parce qu'ils ne s'habillent pas comme « on » doit s'habiller. Alors pour éviter d'être exclu, on se lève tous les matins pour aller au travail parce qu'« on » doit travailler, on se marie, on fait des enfants et on vit dans un pavillon parce qu'« on » doit construire une famille... Bref, le « on » est une vraie tyrannie invisible qui aliène le « je ».

Ainsi, vivre selon le « on », c'est vivre une vie inauthentique d'après Heidegger. C'est s'oublier, se dérober à soi-même. Et c'est précisément l'effet que le « on » a sur nous : il nous rend passifs et nous contraint à mener une vie que l'on n'a pas forcément choisie. Et le plus fou dans l'histoire, c'est que l'on ne cherche pas à s'interroger sur notre mode de vie. On éprouve même un certain réconfort à faire comme tout le monde. Plus on pense, plus on vit et plus on agit dans la norme, mieux on se porte. Heidegger parle même de « la prétention qu'a le « on » » de nous faire croire que l'on mène une vie pleine et authentique. Mais comment mener une vie authentique si on n'est pas soi-même ?

C'est justement ce qu'Heidegger pointe du doigt. Car en plus de ne pas être nous-mêmes, le « on » nous pousse à oublier l'essence même de ce que nous sommes : des êtres mortels. La mort constitue notre existence, mais le « on » réussit tous les jours à nous en détourner. Quand on parle de la mort, on en parle toujours avec distance comme si la mort ne nous touchait pas. La mort fait partie de « ces choses qui arrivent », comme on dit. On la réduit à un fait accidentel, et on se rassure en se disant que « ça n'arrive qu'aux autres ». On ne parle jamais de sa propre mort, on parle toujours de la mort des gens, la mort des autres. Le « on meurt », mais jamais le « je ». C'est cette pensée totalement illusoire qu'Heidegger combat ici, à savoir la banalisation de la mort par cette puissante dictature du « on ».

> *« Le « on meurt » répand l'opinion que la mort frappe, si l'on peut dire, le on. L'explication publique du Dasein dit : "on meurt" parce que tout un chacun et nous-on peut s'en convaincre : ce n'est chaque fois justement pas moi ; car ce on n'est Personne. Le « trépas » est ramené au niveau d'un événement qui frappe sans doute le Dasein mais ne concerne spécialement personne. » — Martin Heidegger,* Être et Temps, *(1927).*

Heidegger nous invite alors à nous extirper de cette vie inauthentique : d'abord en se libérant de cette dictature du « on », puis en se détachant de ses illusions perfides qui nous empêchent d'être nous-mêmes, et enfin, en acceptant sa propre mort.

## L'ANGOISSE DE PENSER SA MORT

S'il y a une chose que nous ne faisons jamais c'est bien penser à notre propre mort. Quand je dis penser, je ne dis pas s'imaginer des tonnes de scénarios tragiques. Inutile de mettre en scène la fin de notre existence, inutile d'imaginer quelles seront nos dernières paroles sur notre lit de mort, notre enterrement, les proches en pleurs et les ennemis ravis. Il s'agit plutôt de penser sa mort avec intelligence, c'est-à-dire l'avoir à l'esprit. Ce que nous dit Heidegger, c'est que la société, cette dictature du « on » nous force à esquiver la mort en permanence, à la relativiser en pensant qu'elle ne nous concerne pas, ou du moins pas tout de suite. Or, le propre du Dasein, c'est d'être-là, d'être lui-même. Et on ne peut être soi-même ni vivre une vie authentique si on passe son temps à nier sa mort. Personne ne nie sa naissance, alors pourquoi nier sa mort ? De la même manière, personne n'est né à notre place, personne ne pourra mourir à notre place.

Chaque jour de notre vie nous rapproche de notre échéance. Et pourtant, dans notre quotidien, nous vivons sans penser ni même sentir cette échéance. On vit, on fait des choix d'une banalité sans nom et nos interrogations sont dérisoires : acheter une chemise blanche ou une chemise noire ? Manger une salade ou un burger ? Partir en vacances au soleil ou à la montagne ? Voilà comment nous employons notre temps, sans envisager un seul instant que le choix de la couleur d'une chemise, le choix d'un repas, ou d'une destination peut être notre dernier acte d'existence.

> *« Aussitôt qu'un homme vient à la vie, il est déjà assez vieux pour mourir. » — Martin Heidegger,* Être et Temps, *(1927).*

Alors, comment mener une vie authentique ? Grande question. Le basculement d'une vie inauthentique à une vie authentique ne se fait pas petit à petit. Au contraire, Heidegger nous dit que c'est plutôt brutal. Il nous faut un choc, un ébranlement qui nous arrache à notre quotidien confortable. Ce choc, ça peut être une rupture amoureuse : fini les habitudes, le quotidien, les sorties en amoureux, les amis en commun... La séparation nous contraint à nous défaire d'un monde familier construit à deux.

Il en est de même face aux drames de la vie : imaginez que l'on vous découvre un cancer. Soudain, votre quotidien vacille, vos projets perdent tout leur sens, et c'est l'angoisse. Cette angoisse qu'évoque Heidegger, c'est ce que l'on ressent quand notre monde est chamboulé. On se retrouve alors face à nous-mêmes, à devoir prendre des décisions d'une tout autre ampleur : il ne s'agit plus de choisir la couleur d'une chemise, désormais nos choix ont un réel impact sur notre vie. On réalise alors qu'il en va de notre existence, et que ces choix sont cruciaux et nécessaires pour se recréer un monde. Son monde.

Alors oui, je sais, dit comme ça, c'est effrayant. Mais Heidegger voit plutôt l'angoisse comme un élément libérateur : elle nous pousse à nous affirmer, elle nous force à nous libérer de cette dictature du « on » pour faire jaillir toute notre singularité dans notre nouveau monde.

> *« L'angoisse fait éclater au cœur du Dasein l'être envers le pouvoir-être le plus propre c'est-à-dire l'être-libre pour la liberté de se choisir et de se saisir soi-même. » — Martin Heidegger,* Être et Temps, *(1927).*

L'angoisse ressentie devient alors un moment clé de notre vie : elle nous offre la possibilité d'une vie authentique puisque c'est dans l'angoisse que l'on éprouve la réalité de ce que nous sommes. Mais ce n'est pas tout : l'angoisse nous permet aussi de nous révéler en tant qu'« être-pour-la-mort » ou « être-vers-la-mort », autre concept à traits d'union. L'être-vers-la-mort est celui qui a réellement conscience qu'à tout moment son existence peut devenir impossible. Il s'agit d'être ouvert à la mort, de l'accepter courageusement. Cependant, il y a un juste milieu pour penser sa mort, y penser en permanence n'est pas non plus la bonne solution : on prend là encore le risque de la banaliser à nouveau et de s'en détacher. Or, il faut l'avoir à l'esprit comme un rappel à l'humilité.

Voilà comment Heidegger, le philosophe de l'existence, nous invite à appréhender la mort. Sur le fond, sa pensée peut paraître banale, pourtant, son apport est décisif. Avant lui, dans l'histoire de la philosophie, on avait deux façons de penser la mort : soit de manière insignifiante (rappel : pour Épicure, « la mort n'est rien pour nous »), soit de manière sursignifiante (la mort nous donne accès à un monde idéal, comme le pensait Platon). Heidegger, lui, remet un peu de demi-mesure dans le débat en reconnaissant la mort à sa juste valeur. La mort n'est pas un accident, ni ce qui nous permettrait de nous accomplir dans un au-delà...

Non, pour Heidegger, la mort est inhérente à l'existence humaine, tout comme le souci. Notre problème, c'est juste que nous passons notre temps à fuir l'un et l'autre, à les combattre comme s'ils étaient des éléments extérieurs au lieu de réaliser qu'ils font partie de nous. Il est alors plus sage de garder son énergie pour des vrais combats et reconnaître qu'il est ridicule de lutter contre sa propre mort. Au contraire, il faut l'assumer et accepter que notre vie sera toujours inachevée.

## POURSUIVRE EN TÊTE À TÊTE AVEC HEIDEGGER :

M. Heidegger, ***Être et Temps*** – C'est une lecture difficile. Le langage d'Heidegger est aride, les concepts sont nombreux pour illustrer son analyse ontologique... Tout le monde ne peut pas lire et encore moins comprendre ***Être et Temps*** dans son exhaustivité. En revanche, si vous voulez creuser sur la question de la mort, je vous invite à lire les paragraphes 47 à 51 qui me semblent accessibles à tous.

# CONCLUSION QUI NE CONCLUT PAS

Je ne pouvais pas vous laisser filer comme ça. Avant que vous refermiez ce livre et qu'il traîne plusieurs jours sur le coin d'une table, je voulais vous dire quelques mots. Je serai brève ; je n'aime pas les conclusions.

D'abord, j'espère que ce livre vous aura aidé, et peut-être soulagé. Certes, le fait de savoir que nos tourments sont communs et partagés depuis des siècles par d'autres hommes ne permet pas de vivre mieux, mais je persiste à croire que ça apaise. On se rend alors compte que l'on n'est pas totalement seuls face à nos angoisses : le bonheur, la solitude, l'amour, la mort ont été, sont et seront les préoccupations de tous ceux qui passeront sur cette terre. C'est comme ça.

Alors, bien sûr, certains vivent sans y penser et peut-être qu'ils vivent bien. Mais d'autres choisissent de vivre avec leurs questions, d'autres choisissent de comprendre leurs peines et d'affronter ce lourd poids de l'existence. Je ne dis pas que c'est mieux. Je pense juste que s'y attaquer, décider de penser et de répondre à ces questions qui font mal est courageux et ne laisse personne indemne. Alors, si certains philosophes vous ont semblé dépressifs, misanthropes et pessimistes, ce n'est pas que par excès de lucidité sur le monde. N'oubliez pas que les philosophes sont avant tout des hommes comme vous et moi, avec leurs travers, leurs défauts, leurs manies, leurs angoisses. Être philosophe ne suffit malheureusement pas pour être épargné. En croisant leurs destins parfois tragiques, s'il y a une chose que j'ai comprise, c'est que vouer sa vie au travail de la pensée est un énorme sacrifice : critiques, moqueries, solitude, travail acharné et obsédant, et bien évidemment peu de place pour une vie amoureuse et familiale. Mais ils l'ont choisi. Leur engagement et leur volonté de comprendre les mystères de l'existence étaient, pour la plupart, au-dessus de tout. Voilà pourquoi j'ai voulu vous raconter leur histoire, en tentant de faire honneur à leur travail, à leur sacrifice et au bel héritage qu'ils nous ont laissé.

# BIBLIOGRAPHIE

## ARTHUR SCHOPENHAUER

• Arthur Schopenhauer, *Aphorismes sur la sagesse dans la vie*, Paris, PUF, collection « Quadrige », 2012.

• Arthur Schopenhauer, *L'art d'être heureux* : à travers cinquante règles de vie, Paris, Seuil, 2013.

• Arthur Schopenhauer, *L'art de se connaître soi-même*, Paris, Éditions Payot & Rivages, collection « Rivages poche », 2014.

• Arthur Schopenhauer, *Le monde comme volonté et représentation*, Paris, PUF, collection « Quadrige », 2014.

• Arthur Schopenhauer, *Métaphysique de l'amour Métaphysique de la mort*, Paris, 10-18, collection « Bibliothèque 10-18 », 2001.

• Didier Raymond, *Schopenhauer*, Paris, Seuil, 1979.

• Jean Lefranc, *Comprendre Schopenhauer*, Paris, Armand Colin, collection « Cursus », 2002.

• Luc Ferry, *Schopenhauer : pessimisme et art du bonheur*, Paris, Flammarion, collection « Sagesse d'hier et d'aujourd'hui », 2012.

## BARUCH SPINOZA

• Balthasar Thomass, ***Être heureux avec Spinoza***, Paris, Eyrolles, collection « Vivre en philosophie » 2015.

• Baruch Spinoza, ***Éthique***, Paris, Seuil, collection « L'ordre Philosophique », 1988.

• Gilles Deleuze, ***Spinoza et le problème de l'expression pratique***, Paris, Les Éditions de Minuit, 1969.

• Hadi Rizk, ***Comprendre Spinoza***, Paris, Armand Colin, collection « Cursus », 2006.

• Robert Misrahi, ***Spinoza***, Paris, Éditions Entrelacs, collection « Sagesses éternelles », 2005.

## BLAISE PASCAL

• Alain Couprie, ***Pensées, grandeur et misère de l'homme***, Paris, Hatier, collection « Profil », 2008.

• Blaise Pascal, ***Pensées***, Édition de Michel Le Guern, Paris, Gallimard, collection « Folio Classique », 2004.

• Claude Letey, ***Apprendre à philosopher avec Pascal***, Paris, Ellipses, collection « Apprendre à philosopher avec », 2012.

• Emmanuel Carsin, Pascal, Paris, ***Ellipses***, collection « Pas à pas », 2011.

• François Chirpaz, ***Pascal, la condition de l'homme***, Paris, Éditions Michalon, collection « Le bien commun », 2000.

• Jean Brun, *La Philosophie de Pascal*, PUF, collection « Que sais-je ? », 1992.

## ÉPICTÈTE

• Épictète, *Entretiens : livres I à IV*, Paris, Gallimard, collection « Tel », 1993.

• Épictète, *Manuel*, Paris, Flammarion, 1999.

• Gabriel Germain, *Épictète et la spiritualité stoïcienne*, Paris, Seuil, collection « Maîtres Spirituels », 2006.

• Jean-Joël Duhot, *Épictète et la sagesse stoïcienne*, Paris, Albin Michel, 2003.

• Luc Ferry, *Épicuriens et Stoïciens : la quête d'une vie réussie*, Paris, Flammarion, collection « Sagesses d'hier et d'aujourd'hui », 2012.

• Théodore Colardeau, *Étude sur Épictète*, Paris, Encre Marine, 2004.

ÉPICURE

• Alain Gigandet, *Épicure, les plaisirs de la sagesse*, Paris, Ellipses, collection « Philo-philosophes », 2012.

• Épicure, *Lettre à Ménécée*, traduction de Pierre-Marie Morel, Paris, Flammarion, 2009.

• Pierre Gassendi, *Vie et mœurs d'Épicure*, Paris, Éditions Alive, 2001.

• Pierre Navarro, *Épicure, une philosophie de la vie facile*, Paris, Ellipses, collection « Aimer les philosophes », 2012.

• Pierre Pénisson, ***Lettre à Ménécée, Épicure***, Paris, Hatier, collection « Profil », 1984.

## FRIEDRICH NIETZSCHE

• Emmanuel Salanskis, ***Nietzsche***, Paris, Les Belles Lettres, collection « Figures du Savoir », 2015.

• Friedrich Nietzsche, ***Ainsi parlait Zarathoustra***, Paris, Le Livre de Poche, collection « Les Classiques de Poche », 1972.

• Friedrich Nietzsche, ***Considérations inactuelles I et II***, Paris, Gallimard, collection « Folio Essais », 1992.

• Friedrich Nietzsche, ***Ecce Homo***, Paris, Mille Et Une Nuits, collection « La Petite Collection, numéro 116 », 1997.

• Friedrich Nietzsche, ***La Généalogie de la morale***, Paris, Le Livre de Poche, collection « Classiques de la philosophie », 2000.

• Friedrich Nietzsche, ***Le Gai Savoir***, Paris, Flammarion, collection « GF », 2007.

• Martin Steffens, ***Nietzsche***, Paris, Ellipses, collection « Pas à Pas », 2008.

• Olivia Bianchi, ***Nietzsche***, Paris, Ellipses, collection « Apprendre », 2012.

## HENRY DAVID THOREAU

• Henry David Thoreau, ***Walden ou la vie dans les bois***, Paris, Gallimard, collection « L'Imaginaire », 2017.

• Henry David Thoreau, ***La Désobéissance civile*** : du devoir de désobéissance civique, Lacajunte, Utovie, 2007.

• Henry David Thoreau, ***Marcher***, Marseille, Le mot et le reste, collection « Littératures », 2017.

• Michel Onfray, ***Vivre une vie philosophique***, Thoreau le sauvage, Paris, Le Passeur, 2017.

## JEAN-JACQUES ROUSSEAU

• Blaise Bachofen, ***Premières leçons sur Le Discours sur l'origine et les fondements de l'inégalité parmi les hommes de Jean-Jacques Rousseau***, Paris, PUF, 1996.

• Ernst Cassirer, ***Le Problème Jean-Jacques Rousseau***, Paris, Hachette Littératures, collection « Pluriel Philosophie », 2006.

• Gaëtan Demulier, ***Apprendre à philosopher avec Rousseau***, Paris, Ellipses, 2009.

• Jean-Jacques Rousseau, ***Discours sur l'origine et les fondements de l'inégalité parmi les hommes***, Paris, Flammarion, collection « GF Philosophie », 2011.

• Jean-Jacques Rousseau, ***Du contrat social***, Paris, Flammarion, collection « GF », 2011.

• Jean-Jacques Rousseau, ***Rêveries du promeneur solitaire***, édition de Michèle Crogiez, Paris, Le Livre de Poche, 2001.

• Jean-Marc Durand-Gasselin, ***Rousseau, une philosophie de la modernité***, Paris, Ellipses, collection « Aimer les Philosophes », 2016.

• Paul Audi, ***Rousseau : une philosophie de l'âme***, Lagrasse, Éditions Verdier, 2008.

## MARTIN HEIDEGGER

• Céline Belloq, ***Être soi avec Heidegger***, Paris, Eyrolles, collection « Vivre en philosophie », 2009.

• Édith Blanquet, ***Apprendre à philosopher avec Heidegger***, Paris, Ellipses, collection « Apprendre à philosopher avec », 2012.

• Françoise Dastur, ***Heidegger et la question du temps***, Paris, PUF, collection « Philosophies », 2014.

• Jean-Michel Salanskis, ***Heidegger***, Paris, Les Belles Lettres, collection « Figure du Savoir », 2003.

• Martin Heidegger, ***Être et Temps***, Paris, Gallimard, 1986.

• Maxence Caron, ***Introduction à Heidegger***, Paris, Ellipses, collection « Philo », 2005.

## MICHEL DE MONTAIGNE

• Ali Benmakhlouf, ***Montaigne***, Paris, Les Belles Lettres, collection « Figures du Savoir », 2008.

• Daniel Tanguay, ***Parler de soi avec Montaigne***, Horizons philosophiques, 10 (1), 15-25, 1999.

• Françoise Charpentier, ***Revue d'Histoire littéraire de la France***, 88e Année, No. 5, Montaigne 1588-1988 (Sep. - Oct., 1988), pp. 828-838

• Joseph Macé-Scaron, ***Montaigne, notre nouveau philosophe***, Paris, Plon, collection « Biblis », 2011.

• Montaigne, ***Essais I***, édition d'Emmanuel Naya, Delphine Reguig-Naya et Alexandre Tarrête, Paris, Gallimard, collection « Folio Classique », 2009.

• Montaigne, ***Les Essais***, Paris, éditions Villey-Saulnier, collection « Quadrige », 1924.

• Pierre Leschemelle, ***Montaigne ou le mal à l'âme***, Paris, Imago, 1991.

## MICHEL ONFRAY

• Michel Onfray, ***Le Souci des plaisirs, construction d'une érotique solaire***, Paris, Flammarion, 2008.

• Michel Onfray, ***Théorie du corps amoureux, pour une érotique solaire***, Paris, Le Livre de Poche, collection « Biblio Essais », 2001.

## PLATON

• Collectif, ***Philosophie grecque : Socrate, Platon, Aristote***, Paris, France Loisirs, collection « Philosophie », 2000.

• Létitia Mouze, Platon, ***Le Banquet***, Paris, Ellipses, collection « Focus sur », 2012.

• Platon, ***Le Banquet***, traduction de Tiphaine Karsenti et analyse de Marianne Massin, Paris, Hatier, collection « Classiques et Cie Philosophie », 2012

• Platon, ***Le Banquet***, présentation et traduction par Luc Brisson, Paris, Flammarion, collection « GF », 1998, éd. mise à jour, 2007.

• Platon, ***Ménon***, Paris, Le Livre de Poche, collection « Classique de la Philosophie », 1999.

## SIGMUND FREUD

• André Green, ***Pourquoi les pulsions de destruction ou de mort ?***, Paris, Éditions du Panama, 2007.

• Jacques Sédat, ***Comprendre Freud***, Paris, Armand Colin, collection « Lire et Comprendre », 2008.

• Jean-Claude Ameisen, ***La Sculpture du vivant : le suicide cellulaire ou la mort créatrice***, Paris, Points, collection « Points Sciences, n°151 », 2014.

• Sigmund Freud, ***Anthropologie sur la guerre***, Paris, Le Livre de poche, 2011.

• Sigmund Freud, *Au-delà du principe de plaisir*, Paris, PUF, collection « Quadrige », 2013.

• Sigmund Freud, *Introduction à la psychanalyse*, Paris, Payot, collection « Petite Bibliothèque Payot », 2015.

• Sigmund Freud, *Nouvelles conférences d'introduction à la psychanalyse*, Paris, Gallimard, collection « Folio Essais, n°126 », 1989.

• Sigmund Freud, *Pulsions et destins des pulsions*, Paris, Payot, collection « Petite Bibliothèque Payot », 2012.

---

## SØREN KIERKEGAARD

• France Farago, *Comprendre Kierkegaard*, Paris, Armand Colin, collection « Cursus Philosophie », 2005.

• Philippe Chevallier, *Être soi, actualité de Kierkegaard*, Paris, François Bourin, collection « Actualité de la philosophie », 2011.

• Søren Kierkegaard, *Correspondance (1829-1855)*, Paris, Les Syrtes, 2003.

• Søren Kierkegaard, *Le Journal du séducteur*, Paris, Gallimard, collection « Folio Essais », 1943.

• Søren Kierkegaard, *Le Concept de l'angoisse*, Paris, Gallimard, collection « Classiques de la Philosophie », 1935.

• Søren Kierkegaard, *Journal, Extraits 1834-1855*, Paris, Gallimard, 1941.

• Søren Kierkegaard, *Ou bien... ou bien*, Paris, Gallimard, collection « Tel », 1943.

- Stéphane Vial, ***Kierkaard, écrire ou mourir***, Paris, PUF, collection « Perspectives critiques », 2007.

Dépôt légal Juin 2018.

Achevé d'imprimer en France.

Printed in France by Amazon
Brétigny-sur-Orge, FR

15729504R00123